Kinderhaben

Fröhliche Wissenschaft 215

Heide Lutosch

Kinderhaben

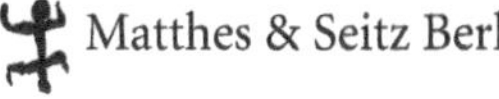

In liebevoller Freundschaft,
für Mats

Inhalt

1 In dieser Welt

»Was mache ich hier eigentlich?« Hunderte Male habe ich mir diese Frage gestellt, als meine Kinder klein waren: auf Spielplätzen, in Kinderschuhläden, als Besucherin zahlloser Elternabende, Weihnachts-, Frühlings- und Sommerfeste, beim Anziehen von Schneeanzügen und Sonnenhüten, beim Tupperdoseneinpacken, beim Tupperdosenauspacken, beim Telefonieren mit den Schwiegereltern, Badeöl- und Breikaufen, Fotosmachen. Die Frage hatte nichts von analytischer Zurückgelehntheit, kein Deut von: »Es interessiert mich, unter welchen Bedingungen ich handle und was mich antreibt«, sondern eher etwas von einem comichaften Aufschrei: »Arggggghh!! Was *mache* ich hier eigentlich?«

Ich sah mich selbst als Witzfigur: fuchtelnd, schnaufend, stolpernd und schimpfend.

Es ging mir nicht gut. Und wenn ich genau hinsah, merkte ich, dass es auch den anderen Müttern nicht gut ging. Keiner einzigen Mutter, mit der ich in all den Jahren zu tun hatte, ging es wirklich gut.

Diese Sätze so stehen zu lassen, ohne sie einzuschränken, ist für mich noch heute ein Ding der Unmöglichkeit, etwas, das ich einfach nicht schaffe. Also: Natürlich gab es schöne Momente.

Natürlich mag ich meine Kinder. Meine Beziehungen zu ihnen sind so freundlich, interessant, intensiv und verbindlich wie nur ganz wenige in meinem Leben. Ich bin keine *regretting mother* und natürlich würde ich es noch einmal genauso machen. Noch einmal genau so machen? Ja, aber nicht in dieser Welt. Nicht unter diesen gesellschaftlichen Bedingungen, nicht auf diesem Stand des Geschlechterverhältnisses.

2 Luxusproblem

Das Anstrengendste, was ich je gemacht habe, bevor ich Kinder bekam, war, tief in den Grand Canyon zu steigen, und am selben Tag wieder heraus. Ich hatte mich für sportlich gehalten, vernünftig, robust, humorvoll und durchhaltefähig. Aber zwischendurch wollte ich einfach nur sterben. Ich war umgeben von Menschen in Funktionskleidung, die das Gleiche taten wie ich, trotzdem bekam ich Einsamkeitsanfälle, schreckliche Selbstzweifel und sogar Todesangst. Ich hatte das Gefühl, ich hätte niemals hier runtergehen dürfen. Ich wunderte mich, dass ich so wenig Freude verspürte, schließlich ging es bei der Sache doch eigentlich genau darum. Ich hatte Angst, dass es dunkel werden könnte, bevor ich wieder oben war. Dabei wusste ich, dass ein Hubschrauber mich retten würde, wenn ich wirklich nicht mehr konnte. Ich verglich meine Situation mit echten Extremsituationen, Hunger, Flucht, Obdachlosigkeit, und schämte mich für meine Schwäche. Ich schleppte mich vorwärts und kam mir unglaublich lächerlich vor.

Seltsamerweise musste ich, als meine Kinder klein waren, oft an diese lange Wanderung denken. Das mochte daran liegen, dass es gewisse Gemeinsamkeiten mit meiner Lebenslage als Mutter gab, zum Beispiel die körperliche Überlastung und das Gefühl des Gehetztseins. Die wichtigsten Parallelen waren aber diese:

1. Ich fühlte mich *schrecklich* in einer Situation, die qua Definition schön war.
2. Ich schämte mich für dieses Leid und hielt mir vor Augen, wie unglaublich luxuriös meine Situation war.
3. Ich fühlte mich sehr allein.

Hier enden die Gemeinsamkeiten.

Was es beim Kinderhaben jedenfalls nicht gibt, ist der Hubschrauber.

3 Selber schuld

Die Schönheit des Kindergroßziehens ist eine bürgerliche Erfindung. Noch bis ins 18. Jahrhundert hinein wurden beim fast durchgängig männlichen Nachdenken über die Mutterschaft die unendlichen Mühen der Kinderaufzucht betont: die Schmerzen beim Gebären, das »Auslaugen« beim Stillen, die Schlaflosigkeit, die Mühen der Krankenpflege, der Dreck, der Lärm, die Undankbarkeit der Kinder.[1] Ich war dagegen schon als Schwangere einem Diskurs ausgesetzt, der penetrant die Einzigartigkeit und Schönheit des Kinderkriegens und -habens betont. Die Schwangerschaft wird zum neunmonatigen Körpererlebnis, die Geburt zum kreativen Akt, das Stillen ein Erlebnis bisher ungekannter Nähe. Und die bei allen Menschen weitgehend identisch ablaufende körperliche und kognitive Entwicklung vom Neugeborenen zum krabbelnden und brabbelnden Kleinkind wird zur großartigen Entfaltung eines einzigartigen Individuums verklärt – die nur mit absoluter Aufmerksamkeit der Mutter gelingen kann.

Auf so einen Scheiß bin ich reingefallen?

Ja, bin ich.

Der Diskurs ist zu laut, zu dominant und vor allem zu passend in einer Gesellschaft, die nicht nur das Gesellschaftliche als natürlich und unabänderlich hinstellt, sondern auch umgekehrt gewisse Natur- und Körperprozesse wie Altern,

1 Herrad Schenk, *Wieviel Mutter braucht der Mensch? Der Mythos von der guten Mutter*, Köln 1996, S. 25–27.

Wachstum, Tod oder Geburt gnadenlos individualisiert, indem sie sie in die Verantwortung und permanente Entscheidungspflicht des oder der Einzelnen stellt. Will sagen: Wenn ich unter der Geburt vor Angst, Kälte und Verzweiflung geschlottert habe, dann konnte ich nicht der Natur oder dem Schicksal die Schuld geben, und schon gar nicht der spöttelnden Mischung aus Bevormundung und Vernachlässigung, die den Gebärenden in vielen Kreißsälen nach wie vor entgegenschlägt. Sondern nur mir selbst, die ich mich nicht fallenlassen oder entspannen konnte, die ich mich nicht für geburtsvorbereitende Akupunktur, eine Beleghebamme, die Wanne, den Hocker, den richtigen Begleiter, das richtige Öl oder die richtige Musik entscheiden konnte oder wollte.

»Die nächste Geburt will ich besser machen«, hat mir eine Bekannte gesagt, kurz nachdem wir beide unser erstes Kind entbunden hatten. Ich habe kurz gestutzt, aber irgendwie wusste ich, was sie meinte. Dass es nämlich schön ist.

Und wenn es nicht schön ist, dann liegt es an dir.

4 Stille

Das war übrigens alles, was diese Bekannte und ich einander über unsere kürzlich abgelaufenen

Entbindungen zu sagen hatten. Hinter dem lauten, wortreichen und penetranten Diskurs über die Schönheit und Einzigartigkeit des Kinderbekommens und -habens steht eine Mauer des weiblichen Schweigens. Es klingt komisch, das zu sagen, aber man spricht heute nicht über Geburt. Man tut es einfach nicht. Es ist ein Tabu. Jede Magen-Darm-Grippe wird detaillierter beschrieben als eine Geburt. Man sagt: »Gut, alles gut gelaufen.« Dann ein paar Zeitangaben und medizinische Begriffe. Zehn Stunden, Blasensprung, Muttermund, Presswehen. Kein Wort über Gefühle. Kein einziges. Auch von mir nicht. Obwohl ich mir während der Geburt etwas anderes geschworen hatte. Denn in meiner Agonie kam ich mir vor wie jemand, den man jahrelang belogen hatte. Die zentrale Frage war: »Warum hat mir *das* keiner gesagt?«

Ist es wirklich undenkbar, dass mich jemand gewarnt hätte? Mir gesagt hätte: »Zieh dich warm an, man friert in diesen Scheiß-Kreißsälen. Keiner wird nett zu dir sein. Alle, die sich in deiner Nähe befinden, sind entweder hilflos und unsicher oder schwer beschäftigt. Zähle in diesem Fall *nicht* auf den Mann an deiner Seite. Du wirst vermessen und verkabelt oder zugesülzt mit esoterischem Mist. Im schlimmsten Fall beides. Beurteilt wirst du auf jeden Fall. Sei froh, wenn dein Kind heil rauskommt, und versuch das Ganze so schnell wie möglich zu vergessen.«

Und es geht weiter mit dem Schweigen, das sich häufig hinter unerträglichem Geschwätz verschanzt. Während das Kind wächst und sich bewegt und immer weiter fortbewegt, häufen sich bestimmte obligatorische Konsumgegenstände: Tragetücher, Kinderwagen, Fahrradsitze, Dreiräder, Buggys, Laufräder, Fahrräder in allen Größen und Farben, Roller, Skateboards, Roll- und Schlittschuhe. Darüber wird unter Müttern ausführlich und gern gesprochen, ein nie versiegender Schwall aus Konsumentinnengebrabbel: Das gibt es da, das gibt es hier, es kostet dies, es kostet das, wir gucken hier, wir finden da, man soll jetzt dies und soll jetzt das. Als würde jede von ihnen buchstäblich das Rad neu erfinden. Dabei könnte man eine Liste ausgeben, auf der mit zugehörigem Lebensmonat exakt das zu erwerbende Fortbewegungsmittel verzeichnet ist. Das Gleiche könnte man für Spielzeug, Essen und Hygieneartikel machen. Und dann ein für alle Mal darüber schweigen.

Aber das Schweigen heben sich Mütter für andere Bereiche auf.

5 Yvonne und ich

Was war also das Problem? Warum ging es mir und den Frauen mit kleinen Kindern um mich herum nicht gut? Weil Geburt keinen Spaß macht?

Come on! Geburt hat nie Spaß gemacht, und noch vor zweihundert Jahren war das Gebären von Kindern für Frauen in unseren Breitengraden ein lebensgefährliches Unterfangen. Skandalöserweise ist das für einen Teil der weiblichen Weltbevölkerung bis heute so geblieben.[2] Dabei muss ich zeitlich oder räumlich noch nicht einmal besonders weit gucken, um Frauen zu finden, die unter ungleich schwierigeren Bedingungen ihre Kinder großziehen. Eigentlich nur einen Stadtteil weiter. Ich denke oft an Yvonne, eine junge Frau, die ich, als ich selbst noch keine Kinder hatte, während eines Semesterferienjobs jeden Morgen um 6:05 Uhr mit ihren beiden noch halb schlafenden Kleinkindern an der Bushaltestelle getroffen habe. Frauen, die – anders als Yvonne – ihren Kindern halbwegs solide Winterkleidung kaufen

2 Über 290 000 Frauen haben laut UNICEF im Jahr 2017 weltweit ihr Leben durch Komplikationen während der Schwangerschaft oder Geburt verloren, wobei die Gefahren sehr ungleich verteilt sind: Für Frauen im südlichen Afrika ist das Risiko, dass sie im Lauf ihres Lebens während der Schwangerschaft oder Geburt sterben, 1:37 – im Vergleich zu 1:6500 in Europa. »Neue Zahlen zu Kindersterblichkeit und Müttersterblichkeit«, in: *unicef.de*, 19.09.2019, {https://www.unicef.de/informieren/aktuelles/presse/2019/neue-zahlen-kindersterblichkeit-und-muettersterblichkeit/199458}, letzter Aufruf 10.08.2022.

können, sind eindeutig besser dran als solche, die auf Billigware zurückgreifen müssen. Nichtfunktionierende Reißverschlüsse, undichte Schuhe, Mützen, die nicht eng genug anliegen, sind, wenn man frühmorgens mit den Kindern auf der Straße stehen muss, um pünktlich um 7 Uhr in der Putzkolonne oder im Supermarkt anfangen zu können, echte Stolpersteine.[3] Sei du mal ganz still, habe ich gedacht, wenn ich viele Jahre später – nun selbst mit Karre – eine Frau wie Yvonne in der Straßenbahn traf: Dir geht's ja so was von gut, das ist Jammern auf hohem Niveau.

Und ich wurde ganz still. Nach außen und nach innen.

Bis mir nach langem Schweigen einfiel, dass vielleicht die Mutter aus der Putzkolonne oder

3 Laut Statistischem Bundesamt (2019) verfügt nahezu die Hälfte der alleinerziehenden Mütter in Deutschland über ein monatliches Haushaltsnettoeinkommen von unter 1700 Euro. Trotz stabiler Teilzeitbeschäftigung befinden sich 20,1 Prozent der Einelternfamilien (die überwiegend aus alleinerziehenden Frauen und ihren Kindern bestehen) in dauerhaften oder wiederkehrenden Armutslagen, weitere 41,4 Prozent erleben zumindest kurzzeitige Armutsperioden. »Stellungnahme zur Anhörung des Ausschusses für Gleichstellung und Frauen«, {https://www.bertelsmann-stiftung.de/fileadmin/files/Projekte/Familie_und_Bildung/191219_Stellungnahme_Alleinerziehende_NRW_Landtag_NRW_09._Januar_2020_af_F.pdf}, letzter Aufruf 10.08.2022.

dem Supermarkt, die Frau mit Kindern, die in der Pflege arbeitet, im Friseursalon oder im Nagelstudio, im Callcenter, als Kellnerin oder bei Amazon, die gleichen Probleme haben könnte wie ich. Und zusätzlich die Probleme, die aus einer Drecksarbeit, aus Zukunftsangst und miesen Winterklamotten resultieren. Dass ihr womöglich mein Leben und seine Voraussetzungen – Abitur, Studium, halbwegs guter Job – vor Augen steht als das, was alle ihre Probleme lösen würde. Und ein paar ihrer Probleme wären sicher gelöst. Ihre Zukunftsangst wäre kleiner und weniger berechtigt, vielleicht könnte sie sich alle vier Wochen eine Haushaltshilfe leisten, die den schlimmsten Dreck und das schlimmste Chaos für sie beseitigt. Sie könnte wenigstens alle zwei Jahre in Urlaub fahren und sich auf höherem Niveau von ihrer Chefin herumkommandieren lassen. Ihre Arbeitszeiten ließen sich mit den Öffnungszeiten der Kinderbetreuung leichter vereinbaren. Trotzdem mag ich ihr mein Leben als Mutter nicht wirklich ans Herz legen. Denn ein paar andere Probleme, ihre und meine, wären nicht gelöst.

6 Patriarchin

Immerhin war ich nicht alleinerziehend. Ich hatte einen klugen, modernen Mann an meiner Seite, der seine Kinder nicht nur abends und am Wochenende sehen wollte. Dass heute die meisten Männer so denken, ist ein erstaunlicher Sieg der zweiten Frauenbewegung. Irgendwie hat sie es geschafft, die immensen Vorteile, die das patriarchale Familienmodell für Männer hatte, gründlich zu diskreditieren. In meinen schwärzesten Momenten, in denen ich an der berühmten *Vereinbarkeit* von Beruf und Familie wieder einmal wütend zweifelte, habe ich mich seltsamerweise zum Trost in die Rolle des Patriarchen fantasiert. Ich malte mir aus, wie schön es wäre, an einem Dienstagmorgen beim Frühstück, genau dann, wenn das erste Glas Milch umkippt und klar wird, dass es kaum noch möglich ist, pünktlich zum Morgenkreis im Kindergarten zu sein und auf der Arbeit keine neuen Minusstunden anzusammeln – genau in diesem Moment also mit freundlichem Nicken die Küche zu verlassen. Nicht etwa mit schlechtem Gewissen, sondern erfüllt von der Wichtigkeit der Aufgaben und Kämpfe, die vor mir liegen. Mit der Bewunderung und Dankbarkeit meines Ehemannes im Rücken gehe ich also in die Welt: darf gestalten, mich entfalten, mich messen und entwickeln. Abends, nachdem ich meinen Kindern einen liebevollen Gutenachtkuss gegeben und mich kurz an ihrer frischgebadeten Niedlichkeit erfreut habe, berichtet mir mein Mann in groben Zügen die wichtigsten Dinge aus dem Familienleben. All die Kleinigkeiten, all das Unwichtige, alles Monotone, Vergebliche und Dreckige erspart er mir.[4] Aber natürlich will er zu zentralen Fragen der Kindererziehung meinen Rat hören und natürlich habe im Zweifel *ich* das letzte Wort. Sobald die Kinder schlafen, werde ich umsorgt und verwöhnt, er hört mir geduldig zu, wenn ich von meinen Kämpfen in der Welt erzähle, er bewundert und bestärkt und motiviert mich. Meine Rolle als ökonomische Versorgerin erlaubt mir gewisse Freiheiten, denn die Menschen, die ich liebe, sind zutiefst abhängig von mir und drücken schon deshalb gelegentlich ein Auge zu. Am Sonntagvormittag darf ich in Ruhe Zeitung lesen, ohne dass mich jemand anspricht, ich kann abends mit Freundinnen ausgehen, wann immer mir danach ist, und der eine oder andere kleine Flirt oder Seitensprung gehen schon in Ordnung, solange ich halbwegs diskret damit umgehe. Ich habe die Geborgenheit der Familie *und* die Herausforderungen und Anregungen eines interessanten Berufslebens. Das ist Vereinbarkeit vom Feinsten. Wissen die Männer eigentlich, was sie da aufgegeben haben?

4 »Ihm die Misère des Alltags fernzuhalten«, sei in ihrer 53-jährigen Ehe mit Sigmund Freud eines ihrer wichtigsten Anliegen gewesen, schrieb Martha Freud nach dessen Tod in einem Antwortbrief auf ein Beileidsschreiben, zit. n. Peter Gay, *Sigmund Freud. Eine Biografie*, Frankfurt a. M. 2000, S. 75.

7 Bloß nicht

Die Mütter der Frauen, die in Westdeutschland aufgewachsen sind und heute Kinder im Teenageralter haben, durften nur mit dem Einverständnis ihres Ehemannes eine bezahlte Arbeit aufnehmen, das stand so im Bürgerlichen Gesetzbuch und wurde erst 1977, als ich fünf Jahre alt war, geändert. Wenn man zusätzlich bedenkt, dass seit Anfang der Siebzigerjahre immer nur eine Minderheit der Mütter aktiv an der Frauenbewegung beteiligt war, wird deutlich, dass der Sicherheitsabstand zum Patriarchat nicht ganz so groß ist, wie manche behaupten.[5] Sehr viele der

5 »Rechtlich ist das Patriarchat passé«, schreibt beispielsweise Svenja Flaßpöhler in ihrem klugen und provozierenden, an den entscheidenden Stellen aber seltsam ungenauen Essay *Die potente Frau* – eine wirklich gewagte Behauptung, wenn man sich beispielsweise das deutsche Steuerrecht ansieht (siehe Fußnote 12). Auch wie deutsche Gerichte das bestehende Recht bei Femiziden auslegen und anwenden, wird seit Jahrzehnten von Frauenrechtlerinnen kritisiert. Wie auch Flaßpöhler wissen müsste, wurde diese Rechtspraxis zugunsten der männlichen Täter im Jahr 2008 von einem BGH-Urteil bestätigt: Wenn ein Mann eine Frau wegen einer Trennung tötet, heißt es da, sei ein niederer Beweggrund – also das, was Mord von Totschlag unterscheidet – anzuzweifeln, zumindest dann, »wenn die Trennung von dem Tatopfer

heutigen Mütter sind in klassisch patriarchalen Kleinfamilien aufgewachsen und wurden davon tief geprägt. Zwar befand sich das Patriarchat als die Herrschaft des Mannes über Frauen und Kinder damals schon mitten in seinem langen Rückzugsgefecht und wurde zum Teil lauter kritisiert, konsequenter boykottiert und treffender verspottet als heute, aber das änderte nichts daran, dass die allermeisten westdeutschen Mittelschichtsmütter »zu Hause blieben« und als Repräsentantinnen der tonangebenden Gesellschaftsschicht damit auch das Idealbild derjenigen Familien prägten, in denen das Einkommen des Mannes für ein solches Modell der strikten geschlechtlichen Arbeitsteilung schon damals nicht ausreichte. Was aber dieses »Zuhausebleiben« für Frauen bedeutete, hat sich denjenigen, die es aus der Perspektive der Töchter miterlebten, tief eingeprägt.

»Bloß nicht so werden wie meine Mutter!« Bei der Suche nach einer lebbaren weiblichen Identität ist das für die Frauen meiner Generation der bestimmende Leitsatz gewesen. In meiner Alters-

ausgeht und sich daher der Angeklagte durch die Tat gerade dessen selbst beraubt, was er eigentlich nicht verlieren will«, {https://www.hrr-strafrecht.de/hrr/2/08/2-349-08.php}, letzter Aufruf 10.08.2022.

klasse kenne ich unter denen, die in der westdeutschen Mittelschicht aufgewachsen sind, tatsächlich *keine einzige* Frau, die sich ihre Mutter zum Vorbild genommen hat. Die Abgrenzung vom Lebensentwurf der eigenen Mutter war dabei keine Frage des Lebensstils oder eines Generationenkonflikts, auch zunächst nichts Politisches, sondern etwas ganz und gar Existenzielles – weil wir nämlich das spezifische Unglück, das hinter der Fassade der »Hausfrau und Mutter« lauerte, als Mädchen oft genug zu Gesicht bekommen hatten: die endlos langen, leeren Vormittage und die gierigen und meist abgeschmetterten Kontaktversuche mit denen, die jeden Mittag »aus der Welt« nach Hause kamen; die Gereiztheit, den Neid, die endlose Jammerei genauso wie die seltsame, unbegründete Hoffnung, dass sich morgen alles ändert, alles besser wird; das Klammern an materieller Sicherheit bei gleichzeitiger Weigerung, auch nur einen Kontoauszug zu verstehen; die trotzigen, unsicheren, halbinformierten Kommentare zum Weltgeschehen und die anfallartigen Minderwertigkeitsgefühle. Und auch die Boshaftigkeit anderen Frauen gegenüber, den heimlichen Alkoholismus und die mühsam unterdrückte, aber oft spürbare Wut auf die, die man umsorgen sollte.

8 Leere Räume

Dieses Schreckensbild wurde nicht gerade weniger bedrohlich in den äußerst seltsamen Wochen, die ich mit meinem neugeborenen Kind allein zu Hause verbrachte, während sein Vater und der Rest unserer WG acht bis zehn Stunden bei der Arbeit oder in der Uni waren. Ich hatte die körperlichen Strapazen – den Schlafmangel, die Schlepperei, den ständigen Hunger (meinen eigenen und den des Babys), den Zeitdruck, die tropfende, schmerzende Brust – unterschätzt und die mütterlichen Glücksgefühle überschätzt. Genau wie die Männer meiner Altersklasse und Bildungsschicht war ich es gewohnt gewesen, relativ selbstbestimmt zu arbeiten, mir meine Zeit frei einzuteilen, die Dinge systematisch anzugehen. Dass ich nun plötzlich vollständig von den unplanbaren und stets extrem dringenden Bedürfnissen dieses anderen, mir noch sehr wenig vertrauten Menschen bestimmt wurde, löste anfangs einen regelrechten Schock in mir aus. Meine Tage und Nächte drehten sich um seinen Hunger, seine Ausscheidungen, sein Bedürfnis nach Wärme, nach Schlaf, nach Kontakt.[6] Es gab

6 Um die frühe Beziehung des Säuglings zur Mutter zu beschreiben, benutzten bezeichnenderweise vor allem weibliche Psychoanalytikerinnen so unsenti-

Phasen, in denen dieser andere Mensch mich so in Beschlag nahm, dass ich es kaum schaffte, mir zwischendurch etwas zu essen in den Mund zu schieben, geschweige denn zu duschen.

Hinterher lacht man darüber, schüttelt den Kopf, kann es gar nicht mehr glauben. Aber so ganz falsch war die Erkenntnis nicht, die ich eines Abends dem erstaunten Vater dieses Kindes nach einer wütenden Beschreibung meines Tagesablaufs an den Kopf warf: »Muttersein und Autonomie schließen sich aus. Komplett.« Dann fing ich an zu weinen. Die umfassende, jahrelange Hilflosigkeit des menschlichen Säuglings ist tatsächlich eine der wenigen anthropologischen Grundkonstanten, die sich einfach nicht wegdiskutieren lassen. Zutiefst ideologisch ist dagegen die Annahme eines *Mutterinstinkts*, der einfach ein bestimmtes Verhaltensprogramm vorgibt.[7] Gerade weil es ein solches instinktives

mentale Begriffe wie »autistisch«, »archaisch« und »egoistisch«. Nancy Chodorow, *Das Erbe der Mütter. Psychoanalyse und Soziologie der Geschlechter*, München 1985, S. 83 f.

7 Die Idee des »Mutterinstinkts« wird auf ganz unterschiedliche Arten zu begründen versucht: Mit Chromosomen, Hormonen, Genen, neuronalen Prozessen, mit der menschlichen Evolution, mithilfe sogenannter primitiver Gesellschaften, mit Affen- und Rattenstudien (!). Nancy Chodorow nimmt sich in *Das Erbe der Mütter* jeden dieser Begründungsver-

Verhalten nicht gibt, ist eine tiefe emotionale Einstimmung auf den sprachlosen und bedürftigen kleinen Menschen notwendig: Sie besteht letztendlich aus der empathischen Beobachtung von Gesten, Lauten, Gerüchen und Gesichtsausdrücken, die, weil sie genauso vonseiten des Säuglings betrieben wird, auf einer intensiven, manchmal unfassbar beglückenden und oft auch frustrierenden Interaktion beruht. Genau wie eine frische Liebesbeziehung zwischen Erwachsenen hat die Beziehung zwischen primären Bezugspersonen und Kind etwas Exklusives – zwischen zwei bis drei, vielleicht sogar vier Menschen kann sie funktionieren, in größeren Gruppen nicht.

Da stand ich nun: allein in der großen, verlassenen Wohnung, ramponiert von einer schweren Geburt, körperlich und emotional aufs Äußerste beansprucht, als älteste von vielen Geschwistern immerhin mit einer Grundroutine und Sicherheit in den praktischen Fragen der Säuglingspflege ausgestattet. Aber den ganzen Tag ohne eine erwachsene Menschenseele, die mir beistand, half, Rat gab, mit der ich sprechen und den Kontakt zur Welt halten konnte.

suche einzeln vor und demonstriert seine inneren Widersprüche und methodischen Unsauberkeiten (S. 23–45).

Die ungute Isolation der Mutter mit ihrem Säugling zu Hause ist historisch gesehen eine ziemlich einmalige Konstellation und auch heute nur in westlichen Industrieländern die Norm. Sie trägt zu eben der emotionalen Bedürftigkeit bei, die man an der eigenen Mutter so entsetzt beobachtet hat, und zu einer tiefen Fixiertheit auf die Kinder, die viele Mütter immer weiter aus der Welt der Erwachsenen hinaustreibt.[8] Ein alter Freund, der einmal zwei »Vätermonate« mit seinem nicht mehr ganz so neugeborenen Kind zu Hause verbrachte und mich in dieser Zeit verdächtig oft am helllichten Tag anrief, sagte einmal zu mir: »Man muss psychisch schon ganz schön

8 Nicht wenige Frauen geben, wenn sie Mutter werden, ein Stück Rationalität auf. Es ist, als hätten sie auf einmal eine Art Geringschätzung für die Welt der Erwachsenen. Plötzlich sind Kinder für sie die besseren Menschen (»Sie sind so ehrlich! So weise! So ganz im Hier und Jetzt!«). Noch die klügsten Frauen schwören unter dem Joch der Mutterschaft plötzlich auf Hokuspokus: Kügelchen, Energieströme, Bachblüten. Dass ich mich unter Müttern oft so einsam fühlte, lag auch daran – und es war ihnen noch nicht einmal peinlich! Selbst wenn sie vorher mit so etwas überhaupt nichts am Hut gehabt hatten, liefen sie kampflos zur Osteopathie, Anthroposophie, Homöopathie über. Erst viel später habe ich begriffen, dass diese Praktiken etwas versprachen, wenn auch nicht einlösten, was auch mir damals fehlte: Verständnis, Orientierung, Unterstützung und Trost.

stabil sein, um nicht vor Einsamkeit und Langeweile durchzudrehen.« Die Unbefangenheit und Klarheit, mit der er diese offensichtliche Tatsache aussprach, löste in mir einen Schwall ehrlicher Bewunderung aus – bis mir klar wurde, dass seine analytische Freiheit darauf beruhte, dass in dieser strapaziösen Situation niemand von ihm verlangte, auch noch glücklich zu sein.

9 Unversorgt

Eine der Sache nach anspruchsvolle, körperlich und emotional zehrende Aufgabe wird nicht leichter, wenn sie gesamtgesellschaftlich und innerpsychisch zur schönsten und natürlichsten Sache der Welt verklärt wird. Denn wer vor nicht langer Zeit ein Kind zur Welt gebracht hat, ist objektiv in einem verletzlichen, bedürftigen und abhängigen Zustand. Wie sehr diese Tatsache in modernen westlichen Gesellschaften verleugnet wird, erkennt man sofort, wenn man nur mit einem halben Auge auf die Wochenbettrituale anderer Epochen und Kulturen schielt.[9] Hier und heute

9 So hält sich in China hartnäckig die Tradition, der zufolge eine Frau für bis zu 40 Tage nach der Entbindung das Haus nicht verlassen darf und den ganzen Tag bekocht, gewärmt und betüddelt werden muss.

stößt dagegen die Erschöpfung und Bedürftigkeit der Mutter bei dem zugehörigen Mann nicht selten auf eine fast aggressive Irritation: »Mein Gott noch mal, du hast ein Kind bekommen, das machen Frauen seit Millionen von Jahren, so schwer kann das doch nicht sein.« Dieser fiese Spruch fällt bei vielen Frauen auf fruchtbaren Boden: Sie wundern sich ja selbst über ihre Schwäche, empfinden sie als individuelles Versagen und schämen sich furchtbar. Und genau deshalb hören sie sehr schnell auf, um Hilfe und Verständnis zu bitten, und entwickeln stattdessen ein starkes Gespür dafür, dass sie mit dem Vater ihres Kindes nun einen gemeinsamen Energiehaushalt haben: Wenn die Mutter eines Babys am Wochenende Schlaf nachholen möchte, muss der Vater genügend Kraft übrig haben, um am Samstagmorgen um zwanzig vor 6 ein Breichen anzurühren. Aus diesem Grund fängt sie an, ein ausgeprägtes Interesse an

Haare waschen ist strengstens verboten. Ich dagegen habe wenige Tage nach der Geburt meines ersten Kindes in Jeans und frisch geduscht die ersten neugierigen Gäste empfangen – und war auch noch stolz darauf. Auch dass es die berühmte Bauersfrau, die ganz allein auf dem Küchentisch ihr Kind zur Welt bringt und kurz danach auf demselben das Essen für die Großfamilie serviert, tatsächlich zuhauf gegeben hat – und schrecklicher- und unnötigerweise in bestimmten Teilen der Welt noch immer gibt –, ist kein Gegenargument.

der körperlichen Ausgeruhtheit und emotionalen Zufriedenheit ihres männlichen Gegenübers zu entwickeln. Sie sorgt dafür, dass er regelmäßig zum Sport gehen kann, nicht zu lange vorm Computer versackt, seinen beruflichen Frust bei ihr los wird und auch mal einen Freund trifft. Das ist die moderne Variante der »emotionalen Reproduktion« des Mannes, die verheiratete Frauen noch eine Generation zuvor ganz selbstverständlich zu ihren Aufgaben zählten. Dass diese Struktur der gefühlsmäßigen Unterstützung der Männer durch Frauen noch beibehalten wird, wenn die Kinder größer sind und sie den Frauen schon längst nicht mehr auf die beschriebene indirekte Weise selbst nützt, ist eigentlich etwas Schönes, ein Gebot der Freundlichkeit. Die Frage ist nur, wie Nancy Chodorow mit unnachahmlicher Sachlichkeit schreibt, »wer eigentlich die Ehefrauen und Mütter reproduziert«.[10]

10 Familienfest

Die Siebzigerjahre-Mütter wurden von ihren Männern emotional sicher noch weniger unterstützt als heutige Mütter. Aber ihr Zuhausebleiben verursachte, sobald die Kinder größer waren, durch-

10 Nancy Chodorow, *Das Erbe der Mütter*, S. 52.

aus nicht nur Unglück, sondern ermöglichte auch manches: ohne Kinder einkaufen zu gehen, zum Beispiel, und jeden Tag einen kleinen Mittagsschlaf zu halten; ausgeruht, hübsch gemacht und feierlustig mit passenden Geschenken und sauberen Kindern auf einem Familienfest zu erscheinen. Die Kinder trugen identische Klamotten in unterschiedlichen Größen, das betonte den Orgelpfeifencharakter, oft waren diese Kleidchen oder Pullover sogar selbst genäht oder gestrickt. Oder auch: Abendliche Essenseinladungen auszusprechen und damit den beiden Erwachsenen in der Familie ein von den Kindern unabhängiges Sozialleben zu ermöglichen. Bei vielen dieser Unternehmungen, die mir vergleichsweise fröhlich vorkamen, ging es um die Repräsentation der Familie nach außen, und für die oft so einsamen und deprimierten Mütter waren es echte Sternstunden, die Momente, in denen *sie* in der Welt waren, gesehen und anerkannt wurden. Ich wäre folglich nie auf die Idee gekommen, mich in diesen Dingen von meiner Mutter abzugrenzen, sie kamen mir wertvoll und irgendwie natürlich vor – und machten mir, als ich dann selbst Kinder hatte, als tief verinnerlichte Ansprüche an mich selbst das Leben zur Hölle. Wer schon einmal versucht hat, nach einer 30-Stunden-Lohnarbeitswoche am Freitagabend mit zwei kleinen Kindern zu einer Familienfeier in einer anderen Stadt aufzubrechen, weiß, wovon ich spreche.

Bloß keine Hausfrau sein, heißt also die Devise, aber alles so machen wie eine gute Hausfrau. Was es konkret bedeutet, eine Aufgabe mit widersprüchlichen Rollenerwartungen zu erfüllen, davon können vor allem Frauen ein Lied singen: Wenn ich putze, denke ich, ich putze zu viel! Ich sollte meine Energie auf wichtigere Dinge lenken. Wenn ich nicht putze, denke ich, hier sieht es schlimm aus, das geht gar nicht. Dieser Widerspruch führt dazu, dass ich sowohl, wenn ich putze, als auch, wenn ich nicht putze, ein schlechtes Gewissen habe. Und das führt wiederum zu jener spezifischen Form von Anspannung und Unzufriedenheit, über die die meisten Männer nur den Kopf schütteln können. Ich habe lange gebraucht, um zu verstehen, dass *das* einer der Widersprüche ist, die man dadurch auflöst, dass man sich radikal auf eine Seite schlägt. Nämlich auf die, die sagt: Scheiß auf die Ansprüche, scheiß auf runde Geburtstage, scheiß aufs Bügeln, scheiß aufs Schönsein, scheiß darauf, Kuchen zu backen und Sterne zu basteln. Bleibt an sämtlichen Weihnachtsfeiertagen im Schlafanzug zu Hause!

11 Multibionta

Nur bei den Kindern, da wollte ich natürlich keine Abstriche machen, das wäre ja irgendwie fies gewesen. In dieser Hinsicht kamen aber die Ansprüche, die ich an mich selbst stellte, nur sehr indirekt aus meinem Elternhaus. Auf einer Zugfahrt bin ich einmal mit einer Frau ins Gespräch gekommen. Sie war mir sofort sympathisch, weil sie von all den Müttern um uns herum, die hypergeduldig und überartikuliert auf ihre selbstgefälligen und fordernden Kinder einredeten, genauso genervt zu sein schien wie ich. Als sie vom Klo kam, packte sie energisch ihre Sachen und raunte mir zu: Ein Abteil weiter gibt's ne mütterfreie Zone. Als wir uns zwischen großspurig telefonierenden Jungmanagern ein gemütliches Plätzchen erobert hatten, platzte es aus mir heraus: »Rede ich mit meinen Kindern auch so? Das ist ja furchtbar, so … unterwürfig, so ängstlich, so unglaublich bemüht.« »Bestimmt«, antwortete sie und lächelte versonnen: »Kann ich mir richtig vorstellen.« Ich sah sie verdutzt an: »Aber warum? Unsere Eltern haben doch auch nicht so mit uns geredet!« »Unsere Eltern haben so manches nicht«, sagte sie trocken. Was folgte, war eine unglaublich lustige Dreiviertelstunde, in der wir sammelten, was Eltern in den 1970er-Jahren alles *nicht* getan haben. Eins war klar: Würde man sich heute so verhalten, hätte man bei Erzieherinnen, Lehrerinnen und Nachbarinnen mit und ohne Kinder in null Komma nichts den absoluten *Assi*-Status.

»Kennst du Multibionta?«, fragte meine Reisebekanntschaft zum Beispiel. »Das waren so große, weinrote Vitaminkapseln, die gab's bei uns zum Abendbrot, zusammen mit den Cornflakes, über die wir uns dick Zucker streuten. Die Cornflakes waren wichtig wegen der Milch. Man kann also nicht behaupten, dass meine Eltern sich keine Gedanken über Ernährung gemacht haben.« »Kenn ich nicht, aber das Elend der Obstdosen, der selbst gekochten Pastinakenbreichen, der mühsam belegten und nicht gegessenen Vollkornbrote kannten auch meine Eltern nicht.« »Komm, dafür gab's an der Fleischtheke immer ein Würstchen«, sagte sie und schob gleich die nächste Geschichte hinterher: Die Mutter ihres Mannes sei, nachdem sie sich nach ihrer ersten Entbindung zehn Tage im Krankenhaus hatte »päppeln« lassen, erst mal mit ihrer Freundin in die nächste Kreisstadt gefahren, um einen Kinderwagen zu kaufen. Das Baby blieb zu Hause, mit dem guten Argument, dass es bei solchen Unternehmungen ohnehin nur störte. Wer aufgepasst hat? Niemand: »Die Säuglinge merken das ja noch gar nicht.« Und überhaupt: »Machen Sie sich nicht zum Sklaven ihres Kindes«, hatte ihr der Chefarzt der Entbindungsklinik noch mit auf den Weg gegeben.[11] Auch vom Stillen hatte

11 Dieser Spruch könnte in seinem Grundton aus dem noch in den 1970er-Jahren sehr beliebten Ratgeber *Die Mutter und ihr erstes Kind* von Johanna Haarer stammen, den meine Mutter zu meiner Geburt

man ihr, wie den meisten Frauen in den Siebzigerjahren, massiv abgeraten. Die Begründungen reichten von: »Sie haben zu wenig Milch«, bis zu: »Wollen Sie sich die Brust ruinieren?« Bei diesem Satz bekam meine Reisebekanntschaft einen hysterischen Lachanfall. Sie hatte bei ihrem ersten Kind eine Brustentzündung nach der anderen gehabt und war von diversen Müttern und Hebammen »ermutigt« worden, »nicht aufzugeben«. Nach fünf qualvollen Wochen ging sie wütend in

geschenkt bekommen hatte. Als größeres Kind blätterte ich ihn gern durch, vielleicht wegen der Fotos, in denen Frauen mit seltsamen Frisuren ihre Wangen in aufgesetzter Innigkeit an die von durchweg männlich wirkenden Säuglingen pressten, die aussahen, als hätte man sie mit einer Luftpumpe aufgepumpt. Das Pikante ist, dass die damals neueste Ausgabe von 1964 sich von dem in der Nazizeit massenhaft verkauften Ratgeber *Die deutsche Mutter und ihr erstes Kind* derselben Autorin nur insofern unterschied, als die offen nationalsozialistischen Stellen gestrichen und Neuheiten aus dem Warenangebot für Säuglinge (z. B. die Wickelunterlage aus Plastik) hinzugefügt wurden. Passagen wie: »Wird einem Kinde zu viel Beachtung geschenkt […], kann damit der Grund gelegt werden zu bleibenden Charaktermängeln«, finden sich wortgleich in den Ausgaben von 1943 und 1964 (*Die deutsche Mutter und ihr erstes Kind,* München/Berlin 1943, S. 275; *Die Mutter und ihr erstes Kind,* München 1964, S. 196).

den nächsten Drogeriemarkt und kaufte drei Nuckelflaschen und eine Packung Säuglingsmilch. Noch heute werde sie bei jedem Infekt des Kindes darauf angesprochen: »Na ja, weißt du noch? Du hast doch so früh abgestillt ...«

So oder so achteten damalige Eltern deutlich mehr auf ihre eigenen Bedürfnisse als heutige, und zwar ganz selbstverständlich, ohne Achtsamkeitsworkshop. Viele von ihnen flogen, wenn sich das zweite Kind »ankündigte«, »zum Kraftschöpfen« noch mal ein paar Wochen zu zweit in Urlaub. Das ältere Kind, das selten über zwei war, ließ man bei einer Verwandten, die ein Kind im gleichen Alter hatte, das war dann »ein Aufwasch«. Am Wochenende feierte man mit Freundinnen und Freunden im Wohnzimmer, es wurde wild getanzt und exzessiv geraucht und getrunken, am nächsten Tag dann ein ausgiebiger Mittagsschlaf gemacht. »Wir wurden dazu nach draußen auf den Spielplatz gejagt. Wenn es regnete, eben mit Gummistiefeln«, erzählte meine Reisebekanntschaft mit verwundertem Unterton, »und wenn die Schlafzimmervorhänge wieder auf waren, wussten wir, dass wir wieder hochkommen durften.« Viele Eltern lehnten in den Siebzigerjahren körperliche Gewalt als Erziehungsmittel bereits ab, aber dass »einem ab und zu die Hand ausrutschte«, galt als unvermeidlich – so anstrengend, wie die Kinder waren. Überhaupt gab es unter Erwachsenen einen Konsens, dass Kinder meistens nervig sind, dreckig, laut, gefräßig und undankbar. Und dass sie vieles einfach noch nicht mitbekamen oder verstanden. Diese Haltung hatte für uns Kinder durchaus Vorteile: Wir hatten einen viel größeren Radius als heutige Kinder, wurden viel weniger von Erwachsenen beobachtet, beurteilt und gelenkt, konnten unser Ding machen, Konflikte austragen, uns prügeln, in Flüsse fallen, Feuer machen, Süßigkeiten kaufen, ohne dass irgendwelche Eltern irgendetwas davon mitbekamen. Wir kamen einmal in der Woche in die Badewanne und sollten jeden Abend Zähne putzen. Nur Ostern, Weihnachten und auf Familienfesten mussten wir schön aussehen. Wir hatten schiefe Ponys, schiefe Zähne und gelbe Hochwasserhosen. Oft waren wir auch ein bisschen überfordert: In einer kleinen privaten Umfrage habe ich zum Beispiel festgestellt, dass viele Mittelschichtskinder aus meiner Generation noch als Erwachsene häufig davon träumen, sich zu verlaufen. Was schlicht und einfach daran liegt, dass wir uns als Kinder oft verlaufen *haben*: auf dem Weg zum Bäcker, in unseren aus Betontreppen und unendlichen Gängen bestehenden Grundschulen, oder wenn wir in den Ferien allein zum Strand geschickt wurden, während die Eltern Mittagsschlaf hielten.

12 Schmidtchen Schleicher

Hat es uns geschadet? Ich würde sagen: teils – teils. Die wichtige Erkenntnis, dass schon ganz kleine Kinder nicht etwa wenig, sondern *alles* merken, dass ihre Seelen mindestens genauso zart und zerbrechlich sind wie ihre winzigen Körper, begann sich in Westdeutschland erst Anfang der 1980er-Jahre durchzusetzen. Das machte sich unter anderem darin bemerkbar, dass es nun auf den Entbindungsstationen *Rooming-in* gab, dass man also mit der historisch einmaligen und zum Glück sehr kurzen Phase Schluss machte, in der man die Neugeborenen systematisch von ihren Müttern trennte, sie ihnen nur zum Füttern brachte und den Rest der Zeit in einer Art Säuglingskaserne mit Glasscheibe aufbewahrte. Dass wir als Babys knapp nicht in den Genuss dieses Paradigmenwechsels kamen, ist das eine. Dass ausgerechnet wir die Generation wurden, in der die Erkenntnis von der Zartheit der Kinderseelen in extremen emotionalen Druck gegenüber Müttern umschlug, das andere. Woher kommt dieser Druck? Zum Teil natürlich aus dem dringenden Wunsch, den Bedürfnissen und Gefühlen der Kinder von vornherein mehr Raum zu geben und sie nicht auf eine mehr oder weniger sperrige Funktion im elterlichen System zu reduzieren. Eine Freundin erzählte mir einmal, welchen Spitznamen sie in ihrer Familie gehabt hatte. Wir saßen in meiner Küche und tranken Kaffee, und während der ganzen Geschichte kletterte ihre dreijährige Tochter auf ihr herum, ließ sich von ihr mit Kuchen füttern und nahm ab und an ihren Kopf zwischen ihre kleinen Hände, um ihn in ihre Richtung zu drehen. Als kleines Kind hatte diese Freundin oft Albträume gehabt. Sie sei dann auf Zehenspitzen über den dunklen Flur geschlichen, habe trotz ihrer Panik leise, leise die Tür zum Elternschlafzimmer aufgemacht und sei vom Fußende her zwischen ihre Eltern ins Ehebett gekrochen. Fast immer sei entweder ihre Mutter oder ihr Vater aufgewacht und habe sie zurück ins Kinderzimmer geschickt. »Und zehn Minuten später habe ich es einfach noch mal versucht«, erzählte sie lachend, während sie ihre Tochter im letzten Moment davor bewahrte, mit dem Kopf auf die Tischkante zu knallen, »wie Schmidtchen Schleicher, aber erfolglos, und so hieß ich dann eben auch.« Als die Geschichte zu Ende war, sprang ihre Tochter von ihrem Schoß und tapste laut singend davon. Meine Freundin starrte einen Moment ins Leere. Dann fing sie an zu weinen. »Entschuldige«, schluchzte sie, »ich kapier überhaupt nicht, warum ich hier plötzlich so rumheule.«

Nun: *Ich* kapierte es.

13 Rabenmutter

Eins muss ich meiner Mutter lassen: Sie war *immer* da – während ich mein neun Monate altes Baby mit äußerst gemischten Gefühlen zu einer Tagesmutter brachte, um meine Doktorarbeit zu Ende zu schreiben und kurz darauf meinen ersten »richtigen« Job anzutreten. Ich wollte das so. Das Schreckensbild der zu Hause bleibenden Mutter machte für mich das Arbeitengehen zu einer emanzipativen Notwendigkeit. Aber: Ich *musste* auch arbeiten, es führte kein Weg daran vorbei, denn wir brauchten das Geld. Akademikerfamilien, die keine wohlhabenden Eltern oder Schwiegereltern im Hintergrund haben, die Wohnungskäufe, Urlaube, Rentenfonds oder Autos finanzieren – ein Arrangement, das gar nicht so selten vorkommt und meist einen hohen emotionalen Preis hat –, kommen heute mit einem Gehalt definitiv nicht über die Runden. Von den Nicht-Akademikern mal ganz zu schweigen.

Bald fühlte sich die von mir so entschlossen angestrebte »Berufstätigkeit« wie das an, was sie war: anstrengende, schlecht bezahlte Lohnarbeit. Freute ich mich auf mein Kind, wenn ich es sechs, sieben Stunden nicht gesehen hatte? Ja. Hätte ich es – wie der gute alte Patriarch – lieber frisch gebadet, satt und müde in Empfang genommen, anstatt es dreckig, hungrig und erschöpft bei der

Tagesmutter abzuholen? Ich muss zugeben: Ja. Ich gab mein Kind viele Stunden am Tag ab und empfand die Zeit, die ich nachmittags und abends mit ihm verbrachte, als mindestens genauso strapaziös wie die Stunden, die ich bei der Arbeit zugebracht hatte. Was mich heute traurig macht: Ein Großteil meiner Restenergie floss in den Versuch, diese Angestrengtheit vor mir selbst und der Welt zu verbergen, indem ich mir einfach furchtbar viel Mühe gab. Stündlich scannte ich mein Kind auf Anzeichen von seelischer Vernachlässigung ab, versuchte, hundertprozentig bei ihm zu sein, mich selbst so weit wie möglich zurückzunehmen. Tief drinnen hatte ich einfach ein schlechtes Gewissen, genau wie die schrecklichen Mütter im Zug, die deshalb auch so ängstlich bemüht waren, ihre Kinder permanent zu bestätigen und ihnen bloß nicht auf den Schlips zu treten. Anstatt zu sagen: »Jetzt haltet bitte mal die Klappe, ich möchte lesen.«

Das schlechte Gewissen, das die Stimmen der heutigen Mütter so künstlich macht, ist aber auch insofern nichts Individuelles, als es systematisch geschürt wird: von Kinderärzten und Hebammen, in Frauen- und Elternzeitschriften, in Erziehungsratgebern und Internetforen. Woran das liegt? Unter anderem daran, dass sich mit mütterlichen Schuldgefühlen viel Geld verdienen lässt. Es gab auch schon früher eine Spielzeugindustrie und

Kapitalisten, die mit der Produktion von Babykleidung und Kinderwagen aus Geld mehr Geld machten – aber ein Markt, der beispielsweise Waren für die Bereiche »frühe Förderung« und »Sicherheit« produziert, ist in den 1980er-Jahren überhaupt erst entstanden und seitdem immens gewachsen. Natürlich ist es nicht so, dass diese Branche der grauenvollen Zeitschrift *Eltern* die Artikel über frühkindliche Bindung und sich schließende Förderzeitfenster direkt in den Laptop diktiert, um mehr handgebatikte Tragetücher und Lernapps für Dreijährige zu verkaufen. Klar ist aber auch, dass sich letztendlich nur ein einziger, ziemlich langweiliger Artikel über die Tatsache schreiben ließe, dass Kinder außer einer grundsätzlichen und verlässlichen Freundlichkeit und Fürsorge von zwei bis drei Bezugspersonen, denen es selbst gut geht, außer genügend Schlaf, Essen, Wärme und Luft eigentlich *gar nichts* Bestimmtes brauchen, um sich gesund zu entwickeln. Und das täte weder der Auflagenzahl solcher Zeitschriften noch ihrer Funktion als Werbeumfeld für Waren aus der Sparte »Baby-und Kinderbedarf« besonders gut. Perfiderweise kommt auf zehn Artikel, die äußerst dogmatisch die neuesten Ernährungstipps, Einschlafrituale und Kindergeburtstagsideen unter die beflissenen Mütter bringen, ein Beitrag mit einem Titel wie »Macht euch mal locker, Mütter«. Für mich war das jedes Mal der Punkt, an dem ich mich – Einsicht in die ökonomische Zweckmäßigkeit dieser Art von Journalismus hin oder her – regelmäßig beherrschen musste, um nicht im entsprechenden Verlag anzurufen und die zuständige Redakteurin persönlich zu beschimpfen: »Du blöde Kuh! Erst sagst du mir, ich soll mich immer mehr anstrengen, und dann verlangst du auch noch, dass ich dazu lächele. Es soll ganz leicht aussehen, ganz schwerelos. Das ist das Artistenideal, herangetragen an einen Schwerstarbeiter.«

14 Oma

Die Mütter, die immer »da« waren, weil die Löhne ihrer Männer noch nicht so niedrig waren, dass man davon keine Familie mehr ernähren konnte, sind heute Großmütter und wissen von alldem nichts. Über heutige Eltern können sie – in seltener Einigkeit mit ihren Ehemännern – nur den Kopf schütteln. Sie tun es heimlich, *nie* würden sie etwas sagen, nein, nein, sie halten sich zurück, man darf da auf keinen Fall reinreden. Aber wenn sie ehrlich sind, finden sie das ganze Getue, das heute um die Kinder gemacht wird, ziemlich übertrieben. Zwar sind sie abstrakt sehr begeistert von ihren Enkelkindern und reden untereinander viel über sie, aber wenn man genau hinsieht, schaffen es die wenigsten von ihnen, eine echte und tragfähige Bindung zu ihren Enkeln aufzubauen. Das mag auch daran liegen, dass diese es glücklicherweise gewohnt sind, von klein auf als eigenständige Menschen respektiert zu werden und deshalb mit der seltsam oberflächlichen und routinemäßigen Art, mit der sie im Haus ihrer Großeltern behandelt werden, manchmal nicht viel anfangen können – eine Art übrigens, die oft schon im entsprechenden Vokabular hörbar wird: »antüddeln, austüddeln, müde spielen, abfüttern, ins Bett stopfen«. Auch darüber schweigen Frauen untereinander: dass sie sich ihre Eltern als Großeltern irgendwie anders vorgestellt hatten.

15 Fifty-fifty

»Ach, hast du es gut, dass du einen Partner hast, mit dem du dir das alles teilst«, hat meine Mutter oft zu mir gesagt, als meine Kinder noch klein waren. »Wir mussten ja damals alles allein machen.« Das stimmte nicht. Und zwar beides nicht. Erstens »teilten« wir uns die Sorgearbeit ganz und gar nicht, jedenfalls nicht, solange die Kinder noch zu klein für die Tagesmutter waren. Dass ich es war, die zunächst ganz zu Hause blieb und später Teilzeit arbeitete, beruhte unter anderem auf einer sehr einfachen Rechnung: Der Vater meines

Kindes verdiente trotz gleicher Qualifikation und Tätigkeit wesentlich mehr Geld als ich. Von meinem Lohn und seinem Elterngeld zu leben, wäre sehr eng geworden. Umgekehrt kam es gerade so hin. Zweitens aber hatte meine Mutter durchaus nicht alles allein machen müssen: Zwar hätte mein Vater niemals den Tisch abgeräumt und wusste auch nicht, wie man eine Waschmaschine bedient oder welche Hefte wir für die Schule brauchten. Er dachte nicht daran, rechtzeitig ein Geschenk zu kaufen, wenn eine von uns zum Kindergeburtstag eingeladen war, und er konnte nur *ein* Essen kochen, nämlich Kartoffelbrei mit Spiegelei. Nie wäre er auf die Idee gekommen, irgendjemanden zu uns einzuladen und vorher einen Kuchen zu backen. Oder den Staubsauger zu bedienen. Aber er war der Alleinverdiener der Familie, machte am Freitagabend den Wocheneinkauf, war für Finanzen, Versicherungen, Mietangelegenheiten und behördliche Dinge zuständig, zusätzlich für alles Technische und Handwerkliche – obwohl ihm das, wie ich erst viel später verstanden habe, überhaupt nicht lag. Er war es auch, der unsere Urlaubsreisen plante und uns – natürlich unangeschnallt – mit dem Auto durch halb Europa kutschierte.

Dass der Vater meiner Kinder und ich uns »alles teilen«, hatte meine Mutter sich nicht einfach ausgedacht, letztlich hatten wir selbst es ihr und uns in den Kopf gesetzt: Auf lange Sicht wollten wir beide Teilzeit arbeiten, gleich viele Maschinen Wäsche waschen, abwechselnd die Kinder wegbringen, gleich oft in Supermarktschlangen und auf Spielplätzen stehen, abwechselnd kochen, putzen und ins Bett bringen. Das Verrückte war: Nach ein paar Jahren klappte es ziemlich reibungslos mit dem »Fifty-fifty-Konzept«, auch wenn es uns in finanzieller Hinsicht nur Nachteile brachte.[12] Davon abgesehen war dieses Konzept auch deshalb alles andere als entspannt, weil die 60 Stunden Lohnarbeit, die wir gemeinsam wöchentlich ableisten mussten, um halbwegs über die Runden zu kommen, eben insgesamt 20 Stunden mehr Lohnarbeit waren, als man zur Zeit meiner Eltern in der gebildeten Mittelschicht brauchte,

12 Das liegt zum einen daran, dass es für dauerhafte Teilzeitkräfte in deutschen Unternehmen kaum Möglichkeiten gibt, sich – wie man so schön sagt – »beruflich zu entwickeln«, sprich: in der Hierarchie aufzusteigen und mehr Geld zu verdienen; zum anderen daran, dass nicht etwa das von uns praktizierte paritätische Modell, sondern das zutiefst patriarchale Modell »Hauptverdiener – Zuverdiener« steuerlich begünstigt wird, {https://www.bertelsmann-stiftung.de/de/presse/pressemitteilungen/pressemitteilung/pid/steuersystem-erschwert-aufstiegschancen-von-muettern/},{https://www.spiegel.de/wirtschaft/steuern-das-deutsche-steuerrecht-ist-schlecht-fuer-frauen-a-00000000-0002-0001-0000-000162787665}, letzter Aufruf 31.08.2022.

um eine Familie über Wasser zu halten.[13] Trotzdem war es schon aus psychologischen Gründen unfassbar gut, sich alles zu teilen: Es bewahrte uns vor der Monotonie und Isoliertheit der Familienarbeit – und vor der Wucht jener Aufgaben, die schon dadurch so deprimierend werden, dass sie Tag um Tag aufs Neue verrichtet werden müssen. Es ist eindeutig besser, wenn man nur jeden zweiten Nachmittag abgehetzt und durchgeschwitzt in einer Kindergartengarderobe stehen muss. Und zu Eltern, die, anstatt am Wochenende abwechselnd

13 Das ist das Elende an Vorschlägen wie dem, den die damalige Bundesfamilienministerin Manuela Schwesig im Jahr 2016 gemacht hat: Das Konzept der »Familienarbeitszeit«, das auch »32-Stunden-woche für Eltern« genannt wurde, kam mir im ersten Augenblick richtig gut vor: Zusammen 32 Stunden arbeiten, das kriegen wir hin, habe ich gedacht: Jeder von uns zweieinhalb Tage, der Rest wird durch ein »Familiengeld« ausgeglichen. Für kurze Zeit hatte ich extrem gute Laune. Aber natürlich war es anders: *Jedes* Elternteil sollte 32 Stunden arbeiten. Wer einmal vergeblich versucht hat, die »64-Stunden-Woche für Eltern« (denn so hätte der Vorschlag natürlich eigentlich heißen müssen) durchzuziehen, ohne dauerhaft auf dem Zahnfleisch zu gehen, weiß, dass das objektiv zu viel Arbeit ist. Dass Schwesigs Vorschlag, der bis tief in die SPD hinein als »zu radikal« empfunden wurde, für geringer verdienende Familien trotzdem eine Verbesserung bedeutet hätte, macht die Sache nicht weniger bitter.

auszuschlafen, das »gemütliche Familienfrühstück« hochhielten und dann über Schlafmangel klagten, haben wir irgendwann nur noch »selber schuld« gesagt.

16 Das bisschen Haushalt

Der Weg zur Parität im Haushalt ist allerdings steinig, und das hat einen einfachen Grund: Die meisten Männer haben in ihrer Kindheit und Jugend so gut wie nichts über Hausarbeit gelernt. Zugegeben: Nicht wenige störten sich später an der zugleich hilflosen und paschahaften Haltung, die ihre eigenen Väter zur Nahrungszubereitung hatten, und lernten bewusst kochen. Sie kochen, wann immer Gäste kommen und am Wochenende, eben, wenn Zeit dafür ist. Und sie werden über die Jahre immer besser darin. Für die schnellen Nudeln am Mittwochabend bleiben die Frauen zuständig, genauso wie für den Abwasch am Samstagabend. Wer schon einmal eine Runde von Frauen über kochende Männer hat lästern hören, hat vielleicht gespürt, wie viel Traurigkeit und Scham sich hinter dem polemischen Gefrotzel verbirgt: darüber, dass sie sich im Namen der Gleichberechtigung ausgerechnet die schönste und anspruchsvollste Arbeit, die der Haushalt zu bieten hat, von den Männern haben abluchsen lassen. Aber zurück zur eigentlichen Hausarbeit, zum Fenster- und Kloputzen, Ausmisten, Aufräumen, Staubsaugen, Wäschelegen, in das die kleinen Jungs der 1970er-Jahre im Gegensatz zu ihren Schwestern von ihren Müttern, wenn überhaupt, nur äußerst halbherzig eingewiesen wurden. Was daran für heutige Frauen so anstrengend ist, ist nicht die Unwissenheit und Unerfahrenheit der Männer selbst, sondern die seltsame Tatsache, dass die Männer von ihrer eigenen Unwissenheit und Unerfahrenheit nichts wissen – und nichts wissen wollen. Die wenigsten Frauen sagen nach den ersten sechs Monaten des Zusammenwohnens zu ihrem Partner: »Du, ich habe gemerkt, dass du von Hausarbeit keine Ahnung hast, ich würde es dir gern beibringen. Es wird ein paar Monate dauern, bis du den Bogen raushast, aber du kriegst das schon hin.« Und die wenigsten Männer antworten: »Ja, das stimmt wohl, woher soll ich das auch können? Hat mir ja nie jemand beigebracht, schließlich ist die patriarchale Kleinfamilie auch an mir nicht spurlos vorübergegangen.« Was diesen Dialog verhindert, ist die Tatsache, dass Hausarbeit, auch weil sie in den letzten hundert Jahren durch diverse technische Erfindungen so unendlich viel leichter geworden ist, nicht mehr als eine Tätigkeit gilt, die man *lernen* muss – obwohl sie das natürlich immer noch ist, wie alle anderen Alltagstätigkeiten auch, vom Autofahren bis zum Ausfüllen der Steuererklärung. Dass es bessere und schlechtere Arten gibt, ein Fenster zu putzen, dass man zum regelmäßigen Ausmisten von Kinderklamotten zumindest ein minimales System braucht, dass es besser ist, den Müll runterzubringen, bevor die Tüte reißt, würde wahrscheinlich auch jeder Mann zugestehen – theoretisch. Denn praktisch reagiert er in den ersten Jahren des Zusammenlebens auf in diese Richtung zielende Tipps und Anmerkungen mit einer zutiefst widersprüchlichen Mischung aus Verachtung (»Lass mich mit diesem *unwichtigen* Kram in Ruhe und *entspann* dich mal«) und Beleidigtsein (»Ich bin ein fortschrittlicher Mann, mir muss man so was nicht erklären«).

Viele Männer schaffen es, sich auf diese Weise die Hausarbeit auf Dauer ganz vom Hals zu halten, weil viele Frauen irgendwann kapitulieren. Ganz langsam, über die Jahre, schleicht sich die traditionelle Rollenverteilung wieder ein, bei der Frau »geht's einfach schneller«, »ihr ist es nun mal wichtiger«, »sie ist der Chef«. Nur nebenbei gesagt ist das neben dem Gender-Paygap und dem »natürlichen« Wunsch der Frauen, möglichst viel Zeit mit ihren Kindern zu verbringen (dazu später mehr), der wichtigste Faktor, der Frauen in die dauerhafte Teilzeitarbeit drängt – mit allem, was daraus folgt, nicht zuletzt die Tatsache, dass Frauen im Schnitt nur etwa 47 Prozent der Rente bekommen, die dem durchschnittlichen

Mann zusteht.[14] Vor der Kapitulation aber kommt der Kampf, und dieser Kampf zwischen den Geschlechtern ist alles andere als ein freundschaftliches Gerangel oder, wie es oft euphemistisch heißt, ein »permanentes Aushandeln«. Dieser Kampf ist ein Krieg. Ein Krieg, in dem es auf beiden Seiten zu tiefen Verletzungen kommt – und zwar flächendeckend.[15] Was passiert da genau? Und warum – verdammt noch mal – sind es die Frauen, die diesen Krieg verlieren? Nicht nur in dem Sinn, dass sie mehr Federn lassen, sondern auch in dem, dass sie am Ende den Großteil der Hausarbeit eben doch alleine machen?

17 Kreuze an

Einer der Gründe scheint der seltsame Beweisdruck zu sein, unter den vor allem kritische und

14 Felicitas Wilke, Hennes Ebert, Sonja Salzburger, »Mehr vom Geld. Lösungen für die Lücke«, in: *Süddeutsche Zeitung*, 01.03.2020, {https://www.sueddeutsche.de/geld/frauen-rentenluecke-vorsorgen-1.4823653}, letzter Aufruf 10.08.2022.

15 Laut einer Studie aus dem Jahr 2018 ist »die Aufgabenverteilung im Haushalt« das Streitthema Nummer 1 unter deutschen Paaren, {https://www.forschung-und-wissen.de/nachrichten/psychologie/ueber-diese-themen-streiten-paare-in-einer-beziehung-am-meisten-13372581}, letzter Aufruf 10.08.2022.

gebildete Frauen im Zusammenhang mit Familiengründungen geraten. Denn die kritischen und gebildeten Männer, für die sie sich interessieren, wollen oft keine Kinder. Viele von ihnen sagen dann doch irgendwann Ja, aber die ganze Frage des Kinderhabens und der Familie steht aufseiten vieler Männer unter einem dauerhaften Vorbehalt. Es gibt nicht wenige Beziehungen, in denen die Frauen immer wieder hochengagiert versuchen, dem Mann das anstrengende Leben, in das sie gemeinsam geraten sind, irgendwie schmackhaft zu machen. Sie müssen die Fahne hochhalten, schließlich war das Ganze ja »ihre Idee«! In den Stadtwäldern und Parkanlagen deutscher Großstädte kann man am Wochenende bei erschreckend vielen Paaren, die einem mit Kinderwagen oder Laufrad entgegenkommen, dieses Phänomen mit Händen greifen: Sie ist bis auf die letzte Faser ihres Ichs angespannt, man sieht es an ihrem Gesicht und am Gang, auch und gerade, wenn sie tapfer lächelt und energisch ausschreitet. Spazierengehen mit kleinen Kindern macht selten Spaß, die Erfahrung hat sie längst gemacht. Aber sie kann es nicht lassen: Sie will *alles* von diesem kleinen Ausflug, frische Luft für die Kinder, gute Gespräche und Händchenhalten für die Erwachsenen – ein gemeinsames, rundum erholsames Familienerlebnis. Vor allem aber den Beweis, dass das Ganze – Kinderhaben, Familiesein – gar nicht so schlimm ist, dass alle auf ihre Kosten kommen, dass es funktioniert, *Spaß macht*. Das Gegenstück zum zwanghaften, unreflektierten Optimismus der Frau ist die mindestens ebenso unreflektierte Genervtheit des Mannes. Oft trottet er verschlossen neben ihr her, sein Gesichtsausdruck ähnelt dem eines Teenagers, einer Mischung aus Bockigkeit und Ohnmacht. Was das Ganze mit Hausarbeit zu tun hat? Nun ja, angesichts des Gesamtvorbehalts des Mannes, gegen den die Frau nicht etwa anargumentiert, sondern *anlebt*, ist der Haushalt eine eher kleine Baustelle: Sie hat ihn schon zum Spazierengehen und Kinderkriegen überredet, da will sie ihm jetzt nicht auch noch mit dem dreckigen Bad kommen. Dass die Frau diejenige ist, die Kinder wollte, und der Mann derjenige, der sich eher widerstrebend auf die Sache eingelassen hat – das unbedingte Wollen auf der einen Seite, das halbherzige Mitziehen auf der anderen –, begründet ein subtiles Machtverhältnis, in dem die Frau der schwächere, erpressbare Part ist. Und dass dieses Machtverhältnis in der Partnerschaft meist unausgesprochen, ja unbewusst bleibt, ändert nichts daran, dass die Männer kräftig davon profitieren, und sei es durch den Luxus der Passivität. »Was habe ich mir Mühe gegeben, was habe ich mich angestrengt, was habe ich mir Gedanken gemacht, was war ich konstruktiv, optimistisch und hartnäckig, was habe ich mir den *Arsch* aufgerissen«, hat eine Freundin mal zu mir gesagt, »letztlich alles, um *ihn* bei der Stange zu halten. Und er? Saß da und musste nur ankreuzen: Ja / Nein / Vielleicht.«

18 Bonbonladen

Männer brauchen keine Kinder. Wenn sie sich nicht fortpflanzen, schmälert das vielleicht ihr Selbstwertgefühl, aber nicht den Sinn ihres Lebens.[16] Bei Frauen ist das anders, das weiß jeder. Wie groß der gesellschaftliche Druck auf Frauen in dieser Hinsicht noch immer ist, sieht man schon

16 Wie stark für Männer Kinderhaben und Selbstwert verbunden sind, lässt sich daran ablesen, wie gern sie ihre Vaterschaft zur Schau stellen – ob nun dadurch, dass sie sich das Geburtsdatum ihres Kindes auf den muskulösen Oberarm tätowieren lassen oder indem sie den Nachwuchs regelmäßig zwingen, vor Gästen zur Hausmusik aufzuspielen. Doch auch aus Gründen, die nichts mit dem Ego zu tun haben, können Männer es sehr bedauern, kinderlos zu sein. Diese Traurigkeit ist aber von anderen Normen durchwoben als bei Frauen. Dem kinderlosen Mann jenseits der 40 wird häufig etwas Egoistisches, Filouhaftes unterstellt. Während für Frauen eigene Kinder als Voraussetzung für ein glückliches, erfülltes Leben gelten, fungieren sie für Männer als eine Art Charakterprobe, mit der sie demonstrieren können, dass sie erwachsen geworden und bereit sind, Verantwortung zu übernehmen.

daran, dass mich in meinem ganzen Leben noch nie jemand gefragt hat, warum ich mir Kinder gewünscht habe, während kinderlose Freundinnen und Kolleginnen sich im kritischen Alter zwischen 30 und 40 permanent erklären, rechtfertigen, entschuldigen, outen müssen. »Und?« »Ging es nicht?« »Nicht den richtigen Mann gefunden?« »Zu lange gewartet?« »Vergeblich in der Kinderwunschklinik gewesen?« »Aber der Sinn fehlt schon ein bisschen, oder?«

Die aggressive Indiskretion und unverhohlene Schadenfreude solcher Fragen jagt mir bis heute kalte Schauer über den Rücken und zeigt mir, was für ein Wind mir entgegengeschlagen wäre, hätte ich mir nicht ohnehin Kinder gewünscht, und zwar so sehnlichst, dass ich wider besseres Wissen die Spuren des Gesellschaftlichen in diesem Wunsch einfach nicht erkennen konnte. Noch immer erscheint er mir als etwas zutiefst Persönliches, etwas, an das weder der gesellschaftliche Druck heranreicht noch die rationalen Argumente, die für eine Familiengründung sprechen mögen. (Viele fallen mir übrigens nicht ein: Menschen, die Kinder großziehen, haben weniger Geld, weniger Freizeit, weniger Schlaf, und viel, viel mehr Arbeit und Sorgen, und die Behauptung, dass sie im Alter weniger allein sind, sollte man zumindest mit einem großen Fragezeichen versehen.) Interessanterweise habe ich nie mit anderen Frauen über diesen gefühlsmäßigen »Rest« des Kinderwunsches gesprochen, habe kaum etwas Theoretisches zu dem Thema gefunden: Auch den Kinderwunsch scheint eine Art Tabu zu umgeben.[17] Betrachtet man ihn als dermaßen selbstverständlich und natürlich, dass das Sprechen und Schreiben über ihn zum Affront wird? Andererseits gelten auch

17 Bei Freud ist der Kinderwunsch eine abgeleitete Form des Penisneids: »Der Wunsch, mit dem sich das Mädchen an den Vater wendet, ist wohl ursprünglich der nach dem Penis, den ihr die Mutter versagt hat und den sie nun vom Vater erwartet. Die weibliche Situation ist aber erst hergestellt, wenn sich der Wunsch nach dem Penis durch den nach dem Kind ersetzt, das Kind also nach alter symbolischer Äquivalenz an die Stelle des Penis tritt.« Sigmund Freud, Studienausgabe, Bd. 1: *Neue Folge der Vorlesungen zur Einführung in die Psychoanalyse*, Frankfurt a. M. 2000, S. 558. Bei Nancy Chodorow resultiert der weibliche Kinderwunsch aus den Widersprüchen der heterosexuellen Liebe in der bürgerlichen Gesellschaft. Sie beschreibt eindrucksvoll, wie stark Männer – im Gegensatz zu Frauen – ihre affektiven Bedürfnisse verdrängen mussten, weshalb sie die »komplexeren Beziehungsbedürfnisse« einer Frau letztlich nicht befriedigen können (Chodorow, *Das Erbe der Mütter*, S. 248–265). Unter anderem aus diesem Grund wünschten sich Frauen intensive primäre Beziehungen zu Kindern, sie entwickelten also »aus ihrer ödipalen Erfahrung und den daraus resultierenden Widersprüchen der heterosexuellen Liebe Wünsche und Bedürfnisse nach Mutterschaft« (ebd., S. 264).

Gefühle wie Trauer oder Verliebtheit als natürlich – und es ist massenhaft über sie geschrieben worden, vor allem von Männern. Jedenfalls ist dieser Wunsch, der sehr intensiv sein kann, der kaum andere Gedanken zulässt, einen bis in den Schlaf verfolgt und viele, viele Tränen produziert, wenn er unerfüllt bleibt, schwer zu fassen, schwer zu kommunizieren.[18] Was soll ich sagen? Ich mochte einfach, wie Babys sich anfühlen, wie sie riechen, wie sie aussehen, wenn sie morgens aufwachen. So ein Wesen nicht nur von Weitem zu bewundern, sondern ganz für mich allein zu haben, es anziehen, füttern, trösten, tragen, baden zu dürfen, war eine Fantasie von Luxus und Autonomie – auf der gleichen Ebene wie der Traum, mit ein paar Goldstücken den Bonbonladen leerzukaufen, ohne Erwachsene in einem Baumhaus zu leben oder ein eigenes Pferd zu haben. Das klingt verrückt? Finde ich auch. Noch verrückter ist, dass das ungläubige, juchzende Staunen, das mich manchmal erfasste, wenn ich eins meiner Kinder morgens aus dem Bettchen hob, nicht hätte größer sein können, wenn plötzlich ein weiß geflecktes Pferd auf meiner nicht vorhandenen Veranda gestanden hätte.

18 »Wann immer mich jemand fragte, warum ich ein Baby wollte, hatte ich keine Antwort. Aber die Stummheit des Wunsches war umgekehrt proportional zu seiner Größe.« (Maggie Nelson, *Die Argonauten*, München 2017, S. 44)

19 Putzteufel

Wenn ein Mann beim Thema Haushalt zu einer Frau sagt: »Entspann dich doch einfach mal, das ist doch alles nicht so wichtig!«, dann gehört das für sie zum Schlimmsten, was man ihr ins Gesicht sagen kann. Sie ist beschämt und tief getroffen. Das liegt nicht so sehr daran, dass er unrecht hat,[19] sondern daran, dass er gleichzeitig auch etwas trifft. Wer auf die häusliche Sphäre beschränkt ist, wird ihr nach und nach eine Wichtigkeit beimessen, die ihr nicht zukommt. Jede Frau, die es bei ihrer eigenen Mutter mit einer Mischung aus Verachtung und Mitleid beobachtet hat, kennt das Phänomen: Je mehr Zeit man für den Haushalt aufwenden kann, desto mehr Zeit fordert er ein. Früher oder später dreht man sich hoffnungslos im Kreis der selbst definierten Notwendigkeiten und bügelt noch die letzte Unterhose. Auch nur

19 Denn Hausarbeit *ist* wichtig. In kapitalistischen Gesellschaften ist sie ein wesentlicher Teil der Reproduktion der Arbeitskraft, was nichts anderes bedeutet, als dass auf Dauer ohne sie kein Arbeiter (und keine Arbeiterin) jeden Morgen halbwegs satt, sauber und ausgeruht zur Arbeit erscheinen kann. Das macht sie vielleicht nicht unbedingt zu etwas, wofür man gelobt werden will, aber auch davon abgesehen ist es in allen menschlichen Kulturen eine Frage der Würde, nicht im eigenen Dreck zu versinken.

ansatzweise in die Nähe eines solchen Wahnsinns gerückt zu werden – genau des Wahnsinns, vor dem man sich unter allen Umständen hatte hüten wollen –, tut weh und macht unsicher: Hat es mich doch erwischt? Übertreibe ich? Habe ich nicht selbst schuld? Ich könnte es doch einfach lassen und mich – wie ich es mir als Jugendliche geschworen habe – auf das Wesentliche konzentrieren: Lesen! Texte schreiben! Die Gesellschaft verändern! Freundschaften pflegen! Und plötzlich wird – für *beide* Eltern – einer der größten Brocken der Familienarbeit zur privaten Marotte der Frau, die dann für viele Jahre einem zumindest in seiner Freizeit auf die wesentlichen Dinge konzentrierten Mann (Lesen! Texte schreiben! Die Gesellschaft verändern! Freundschaften pflegen!) seine Sachen hinterherräumt. Die Frau, die es schafft, auf der Notwendigkeit der Hausarbeit zu beharren und sich gleichzeitig nicht vom Gespenst der isolierten, putzsüchtigen Hausfrau einholen zu lassen, gewinnt vor allem einen Kampf gegen sich selbst. Das männliche Gegenüber dann noch von einem vernünftigen und gerechten Putzplan zu überzeugen und ihm die dafür wesentlichen Dinge beizubringen, dürfte verglichen damit eigentlich eine Leichtigkeit sein.

Eigentlich. Denn ein Mann, dem man freundlich zu verstehen gibt, dass er von einer Sache keine Ahnung hat, reagiert fast immer empfindlich – selbst wenn es sich bei dieser Sache *nur* um Hausarbeit handelt. Diese Empfindlichkeit ist echt, sie ist Ausdruck einer tiefen Unsicherheit, die nicht nur der Mann selbst abwehren muss, sondern die interessanterweise auch für sein weibliches Gegenüber etwas ist, das sie sich lieber nicht allzu genau ansieht. Zu behaupten, dass diese Unsicherheit Resultat des Feminismus sei, ist zu viel der Ehre für den Feminismus und verdreht einen komplexen kausalen Zusammenhang: Nicht der Feminismus produziert männliche Unsicherheit, sondern das vom Feminismus bekämpfte Patriarchat mit seiner starken Betonung und Polarisierung der Geschlechterrollen ist zugleich Ursache und beständig reproduzierte Folge dieser Unsicherheit.[20] Männliche Unsicherheit hat historisch

20 Die frühe Abhängigkeit von der Mutter als nährende und pflegende erste Bezugsperson und die spätere Abhängigkeit von der Frau als begehrtes Sexualobjekt sind Rolf Pohl zufolge in gesellschaftlichen Verhältnissen, in denen es keine fließenden Übergänge zwischen den Geschlechterrollen und nur zwei Varianten der Geschlechtsidentität gibt, etwas, das von Männern als bedrohlich empfunden

verschiedene Ausprägungen. Die Männer, die heute minderjährige Kinder haben, sind in ihrer männlichen Entwicklung häufig einer durchaus komplizierten Gemengelage ausgesetzt gewesen. Ihre Väter waren, wenn sie aus der Mittelschicht kamen, häufig jene bärtigen Männer mit Schlaghosen, die dem Bild des distanzierten Patriarchen schon nicht mehr entsprachen und nicht mehr entsprechen wollten. Das lag unter anderem daran, dass ihr Abgrenzungsbedürfnis gegenüber den eigenen, häufig traumatisiert aus dem Krieg zurückgekehrten und fast immer faschistoiden Vätern groß war. Die 1970er-Jahre waren eine ideale Zeit für Väter. Was die Vereinbarkeit von Familie

und abgewehrt werden muss, unter anderem mit einem Bild von Männlichkeit, das die Autonomie des Mannes und seine Überlegenheit gegenüber Frauen in den Vordergrund stellt. Diese Form der Männlichkeit ist nichts Natürliches, sie muss »hergestellt, gleichsam in die Seele und den Körper der Männer eingeschrieben« werden, und hat mit echter Autonomie wenig zu tun. »Männlichkeit ist unter diesen Bedingungen strukturell ein krisenhafter Zustand und nicht das Ergebnis einer die Männer angeblich tief in die Krise stürzenden feministischen Strategie.« Rolf Pohl, »Männer – das benachteiligte Geschlecht? Weiblichkeitsabwehr und Antifeminismus im Diskurs über die Krise der Männlichkeit«, in: Mechthild Bereswill, Anke Neuber (Hg.), *In der Krise? Männlichkeiten im 21. Jahrhundert*, Münster 2010, S. 104–135, hier: S. 124 und 127.

und Beruf anging, hatten sie es *noch* besser als die klassischen Patriarchen, denn sie nahmen nun auch emotional am Familienleben teil und profitierten davon. Zwar waren sie beruflich engagiert, aber die Arbeit fraß sie nicht auf. Sie konnten als Lehrer, Ärzte, Ingenieure und leitende Beamte von ihrem Gehalt locker eine große Familie ernähren, ohne mehr als 40 Stunden in der Woche zu arbeiten. Im Beruf bekamen sie Bestätigung, hatten Gestaltungsmöglichkeiten und konnten sich entfalten. Und ab dem späten Nachmittag verbrachten sie nicht selten Zeit mit ihren Kindern: trugen sie auf den Schultern durch die Stadtwälder der Republik, waren zuständig fürs Toben, Legobauen, Schwimmengehen und Ausflügemachen. Und nicht wenige kümmerten sich eben auch um den Wocheneinkauf und um die bürokratischen und finanziellen Belange der Familie. Sie genossen die Nähe zu ihren Kindern, und solange diese noch klein und »lenkbar« waren, leisteten sie sich auch selbst eine gewisse emotionale Zugänglichkeit. Falls ihre Söhne – die Väter von heute – überhaupt etwas anders machen wollen als diese Väter, dann in einem quantitativen Sinne: Sie wollen noch *mehr* Zeit mit ihren Kindern verbringen. Ansonsten aber sind sie stark (und fast immer unbewusst) an der zumindest nach außen hin durch und durch gelungenen Männlichkeit ihrer eigenen Väter orientiert. Für die Verständigung zwischen den Geschlechtern ist das ein häufig unterschätzter Stolperstein: Frauen erscheint es existenziell wichtig, *alles* anders zu machen als ihre Mütter, während Männer durchaus nicht das Gefühl haben, sich von der vorteilhaften Rolle, die ihre Väter in ihrer eigenen Kindheit spielten, abgrenzen zu müssen.

Andererseits muss es schwierig sein, diesen kraftstrotzenden, selbstbewussten Typ Mann und Vater ständig als Vorbild vor der Nase zu haben. Ganz abgesehen von individuellen Eigenschaften können heutige Männer diesem Rollenideal nämlich auch aus handfesten gesellschaftlichen Gründen nur noch unvollkommen entsprechen. In den letzten dreißig Jahren hat eine massive Reallohnsenkung stattgefunden, zudem gibt es viel mehr Akademiker (und Akademikerinnen!), was die Konkurrenz unter ihnen verschärft hat. Wer in den 1970er-Jahren ein Studium abgeschlossen hatte, konnte relativ sicher sein, in Zukunft irgendwie zu den »Wichtigen« zu gehören, zu denen, denen man zuhört, die bestimmen dürfen, die früher oder später ein Eigenheim erwerben und deren gesellschaftlicher Status hoch ist. Davon können die heimatlosen, von intellektuellen Kompromissen niedergedrückten Mittelbauexistenzen der Universitäten, die überarbeiteten Oberärzte, die gehetzten und unterwürfigen Gruppenleiter der Verlage und erst recht die Anwälte oder Architekten, die noch von Weitem an ihren Idealen festhalten, nur träumen. Wer sich als Mann heute unbewusst mit seinem eigenen Vater vergleicht (und das tun die meisten), der ist unterschwellig ständig damit konfrontiert, dass die Latte verdammt hoch hängt, *zu* hoch, um ehrlich zu sein. Denn viele der heutigen Väter bleiben in Bezug auf Verdienst, berufliche Gestaltungsmöglichkeiten, Anzahl der Kinder, Freizeitgestaltung und Schaffung bleibender (Vermögens-)Werte weit hinter ihren eigenen Vätern zurück.

21 Du, Schatz?

Das macht schlechte Laune, das macht Minderwertigkeitsgefühle, und auch daher kommt die empfindliche, passive und vorwurfsvolle Grundhaltung, die viele Männer gegenüber den Familienaufgaben einnehmen. Denn die private Sphäre kann sie häufig nicht für die Prestigeausfälle in der Arbeitswelt entschädigen. Trotzdem oder gerade deshalb brauchen sie das Gefühl, dass sie auch auf diesem Gebiet alles können und wissen. Wenn das nicht der Fall ist und sie es auch noch gesagt bekommen, reagieren sie entweder beleidigt oder mit einer aggressiven Abwertung des gesamten Bereichs. Oder sie werten die Aufgabe, zu deren Erledigung sie sich gerade durchringen, massiv auf, indem sie ununterbrochen darüber reden und sie schon dadurch in einen Spezialauftrag für

Experten verwandeln. Das ist die Grundlage der allgegenwärtigen »Schatz, ich räum dann mal die Spülmaschine aus! – Schatz? Ich räume gerade die Spülmaschine aus. – Du, Schatz, ich hab schon mal die Spülmaschine ausgeräumt!«-Sketche, über die ich peinlicherweise jedes Mal so lachen muss, dass ich fast in Tränen ausbreche. Der nicht tot zu kriegende Enthusiasmus von Frauen bei der Organisierung einer funktionierenden Aufgabenverteilung innerhalb der Familie hat oft etwas Alternativloses und Verzweifeltes: Sie wollten Kinder haben *und* berufstätig sein, sie haben Angst, Wut und Schwung, sie können nur nach vorne blicken, um mit aller Kraft das zu vermeiden, was in den Achtzigerjahren ein »Frauenschicksal« genannt wurde, sie bestehen auf der Möglichkeit von Entfaltung und Glück – innerhalb der Familie und trotz der Familie. Die doppelte Doppelbelastung – beide Partner jonglieren zwischen Beruf und Familie –, die dafür nun einmal die Voraussetzung ist, wird von den Frauen bejaht und häufig auch beschönigt, denn das Modell, das sie aus ihrem Elternhaus kennen, haben sie zu Recht als Bedrohung für die eigene Lebendigkeit und Autonomie verworfen. Es klingt seltsam: Angesichts der ungleichen Ausgangsbedingungen nur eine Generation zuvor ist das extrem aufreibende Familienmodell von heute für Frauen ein Fortschritt, während Männer es unbewusst, aber nicht ohne

Grund als Rückschritt erleben. Frauen spüren das. Und obwohl sie es sind, die seelisch und körperlich erschöpfter, beruflich und gesellschaftlich weniger anerkannt und finanziell prekärer aus der Familienphase hervorgehen, haben sie nicht selten das Gefühl, hier etwas kompensieren zu müssen. Ob sie das nun aus (falschen) Gerechtigkeitserwägungen oder aus ganz pragmatischen Gründen tun (damit er nicht irgendwann, wie es in meiner Kindheit hieß, »alles hinschmeißt und mit einer Jüngeren abhaut«): Frauen verwenden einen nicht unwesentlichen Teil ihrer psychischen Energie darauf, mit den Schwächen ihres Partners »pädagogisch« umzugehen. Sie loben, schonen und bewundern ihn, was das Zeug hält,[21] und tragen damit selbst zu einer Asymmetrie bei, die sie dann regelmäßig so in Rage bringt, dass sie aus heiterem Himmel anfangen rumzuschreien.

22 Unsichtbar

Denn das Bittere ist, dass Männer nicht im Traum daran denken, das Lob zurückzugeben, nicht frei-

21 »Frauen haben über Jahrhunderte hinweg als Spiegel gedient, mit der magischen und köstlichen Kraft, das Bild des Mannes in doppelter Größe wiederzugeben.« Virginia Woolf, *Ein Zimmer für sich allein*, Frankfurt a. M. 1981, S. 43.

willig und nicht von sich aus. Auf den wütend geschrienen Satz: »Du *siehst* gar nicht, was ich hier den ganzen Tag mache!«, reagieren sie, indem sie schmallippig darauf verweisen, was *sie* den ganzen Tag machen – und schon nimmt die unselige Anerkennungsdebatte ihren Lauf. Soweit ich gehört habe, kommt kein Paar mit Kindern um diese für Männer zermürbende, für Frauen demütigende Auseinandersetzung herum, und zwar unabhängig davon, ob überhaupt der Anspruch besteht, die Familienarbeit gerecht zu teilen. Denn an dieser Arbeit gibt es einen sichtbaren und einen unsichtbaren Teil. Der sichtbare Teil besteht nüchtern gesagt aus körperlicher Arbeit: den Haushaltstätigkeiten sowie dem Anziehen, Bewegen, Säubern, Tragen und Füttern von Kindern, einiges davon in den ersten Jahren auch nachts. Der andere Teil, der größer wird, wenn die Kinder größer werden, ist – ebenso nüchtern ausgedrückt – organisatorischer Natur: Zu sehen ist davon nur, dass ein PC oder ein Handy bedient werden. Der Rest ist Denk- und Fühlarbeit, Gestaltungswille, Initiative, Problembewusstsein, Koordinationskunst, Draufblick, Antizipationsvermögen, Beziehungsfähigkeit. Die Aufgaben, die auf solche Weise bewältigt werden müssen, werden noch in den gleichberechtigtsten Partnerschaften nahezu komplett von Frauen übernommen. In den entsprechenden Debatten bezeichnen Männer sie oft als »Kür«, als etwas, das man *tun*, aber auch *lassen* kann. Und es stimmt, die Welt geht nicht unter, wenn niemand dem Schwiegervater zum Geburtstag gratuliert und das Kind nicht zum Turnen geht, wenn die Winterjacken zu klein sind, niemand zu Besuch kommt und die Fahrräder kein Licht haben. Wenn keine Elternabende besucht, keine Kindergeburtstage organisiert, kein Netzwerk gepflegt, keine Gemeinschaftsaufgaben übernommen, keine Urlaube geplant werden. Wenn man auf Ausflüge, Theaterbesuche und gelegentliche Abende zu zweit verzichtet, auch darauf, sich zu bedanken, sich zu revanchieren, sich einzubringen, Fotos zu machen … die Liste ist endlos – und der eben noch so ärgerliche Mann inzwischen tief und fest eingeschlafen.

Ich kam mir immer kleinlich vor, wenn ich diese Dinge aufzählte. Ich habe schrecklich rumgeeiert, musste zugeben, dass einiges davon vielleicht wirklich überflüssig ist. Aber was? Und um welchen Preis? Auch diese Entscheidungen zu treffen, war meine Aufgabe. Es wäre gut gewesen, für all das Unsichtbare, dessen Existenz mein Gegenüber ignorierte, das aber trotzdem so viel von meiner intellektuellen und emotionalen Energie aufbrauchte, wenigstens einen Namen zu haben. Als ich dann den Begriff *mental load* hörte, war es schon fast zu spät, aber das eine oder andere Mal konnte ich ihn noch ins Feld führen, und wieder einmal spürte ich, was für eine scharfe Waffe ein Begriff sein kann: Auf wundersame Weise hatte die »aufrechnende, kleinliche« Liste an Objektivität gewonnen und wurde zum ersten Mal wirklich als benennbares und zusammenhängendes Problem anerkannt. Dass die mentale Last der einen die gedankliche Freiheit des anderen ermöglicht, war dann jedoch eine These, die meinem männlichen Gegenüber entschieden zu weit ging, weil sie aus seiner Sicht auf fundamentale Weise anzweifelte, dass er seinem Anspruch, sich ausreichend an der Familienarbeit zu beteiligen, gerecht wurde. In die Ecke gedrängt, enttäuscht von sich selbst, voller Wut auf die Frau, die ihm diese Enttäuschung nicht ersparen konnte, war diesmal er es, der laut wurde: »Ich *kann* so was eben einfach nicht!!«

Wenn mir etwas klar war, dann das. Ich hatte es endgültig aufgegeben, darauf zu hoffen, dass er einen Teil dieser Arbeit übernahm. Darum ging es mir gar nicht mehr, ich wollte einfach nur, dass sie *gesehen* wurde. Ich wollte, dass ihm klar war, wie wertvoll, wie notwendig, wie kräftezehrend sie war. Am liebsten wäre ich dafür regelmäßig gelobt und bewundert worden, aber ein paar Waschmaschinenladungen weniger die Woche als Ausgleich hätten es auch getan. Schließlich konnte er nach der Arbeit auf dem Fahrrad über die Artikel nachdenken, die er für linke Zeitschriften schrieb, während ich beim Nachhauseradeln in meinem Hirn ganz andere Dinge wälzte. Zum Beispiel die Frage, warum unsere Tochter sich in der Hofpause plötzlich nicht mehr »traute«, beim Fußball mitzumachen. Ob es reichte, wenn ich mich erst am Wochenende für das Osterpäckchen bedankte, das meine Mutter den Kindern geschickt hatte. Dass wir unserem Sohn unbedingt noch einmal sagen mussten, wie toll der Kuchen geschmeckt hatte, den er am Tag zuvor allein gebacken hatte. Ob ich der befreundeten Familie, in der der Vater gerade eine Krebsdiagnose bekommen hatte, einen Brief oder eine Textnachricht schreiben sollte, oder ob es für sie schöner wäre, wenn man einfach vorbeikäme? Ob ich eine andere Mutter schon wieder bitten konnte, nach der Schule unsere Tochter mitzunehmen. Und dass ich nicht vergessen durfte, mich zu entschuldigen, weil wir den Arbeitseinsatz im Hort vergessen hatten. Die Liste der Dinge, die genaues Hinsehen, sensible Abwägung, engagierte Planung und einfallsreiche Lösungen erforderten, war lang, selbst dann, wenn man, wie ich, längst aufgehört hatte, sich um gewisse Aspekte der familiären Außenrepräsentation zu scheren. Manchmal wurde mir all das zu viel. Ich wollte Ruhe im Kopf, Platz für interessantere Themen, Urlaub vom Zwischenmenschlichen. Doch das ging nicht. Denn mein männlicher Kollege in Sachen Familienarbeit hatte sich aus diesem Aufgabenbereich wegen Unfähigkeit dauerhaft selbst beurlaubt.

23 Gefühlsgeschichte

Stimmte das mit der Unfähigkeit? Konnte es wirklich sein, dass dieser Mann, der Vater meiner Kinder, die wichtigsten, grundlegenden zwischenmenschlichen Basics einfach nicht hinbekam? Dass sie nun einmal nicht sein Ding waren? Ermutigen, Danke sagen, loben, nachfragen, trösten, um Hilfe bitten, sich entschuldigen, war er dazu einfach nicht fähig? Die Antwort ist: Natürlich war er dazu fähig. Denn dieser Mann war ja derselbe, der mich vor Jahren mit seiner Sensibilität, Klugheit und Kommunikationsfähigkeit beeindruckt hatte und der diese Eigenschaften im Beruf und in der politischen Arbeit immer wieder erfolgreich einsetzte. Warum »vergaß« er dann regelmäßig ihre Wichtigkeit in den Außen- und Innenbeziehungen der Familie? Irgendwann war ich so ratlos, dass ich ein Tabu brach und das Thema gegenüber befreundeten Männern ansprach. Sie wussten sofort, was ich meinte, kannten es aus ihren Zweierbeziehungen und Kleinfamilien, sie sprachen vom »im Dunkeln tappen« und »Hinterherhinken«, von Wut auf sich selbst und »emotionalem Shutdown«. Die Geschichte eines dieser Freunde beeindruckte mich besonders: Er hatte einen Fehler gemacht, über den sich seine Partnerin ungeheuer ärgerte. Er verstand nicht, was so schlimm daran war. Sie erklärte es ihm. Nun verstand er es. Sie wünschte sich eine Entschuldigung. Er weigerte sich.

»Wie? Du hast dich geweigert, dich zu entschuldigen? Warum?«

»Keine Ahnung, es *ging* einfach nicht.«

»Warum nicht?«

»Ich kann das dann nicht. Wir hatten es doch geklärt, wozu dann noch eine Entschuldigung?«

»Vielleicht weil das rationale Klären manchmal einfach ZU WENIG ist?«

Er schwieg.

Ich gab mir einen Ruck: »Sag mal ehrlich: *Kannst* du nicht oder *willst* du nicht?«

Er schluckte. Langsam war es vorbei mit seiner Geduld. »Ich *will* nicht, okay? Mir ist das dann einfach ZU VIEL.«

Worauf sich das »Zuwenig« aus weiblicher und das »Zuviel« aus männlicher Perspektive bezieht, dürfte klar sein: Gefühle, Nähe, Intimität, Beziehung, Offenheit, Verständnis – wie immer man es nennen will. Einerseits ist es ein Klischee, andererseits eine gesamtgesellschaftlich weit verbreitete Realität: Viele Männer sind darauf bedacht, zu viel Intimität zu vermeiden und auch um den Preis kläglichster Einsamkeit ihre widersprüchliche psychische Autonomie zu verteidigen.[22] Und viele Frauen können nicht genug kriegen von vertrauten Gesprächen und emotionaler Nähe und sind auch um den Preis erniedrigender Lächerlichkeit nicht bereit, von ihrer exzessiven Beziehungsorientierung abzulassen und ein eigenständiges Selbstwertgefühl zu entwickeln.[23] Der Ort, an dem sich diese strikte Rollenverteilung nach

22 Siehe dazu etwa Eva Illouz' Zusammenfassung der einschlägigen empirischen Studien zu diesem Thema: Eva Illouz, *Warum Liebe weh tut. Eine soziologische Erklärung*, Berlin 2011, S. 121–139.

23 Liv Strömquist beschreibt in ihrem Comic *Der Ursprung der Liebe* diesen Mechanismus so: »Das Unvermögen dieser hyper-beziehungsorientierten Frauen, ihre eigenen Bedürfnisse zu vertreten, lässt sie ganz viel geben … – denn sie sind nämlich sehr gut darin, sich in andere hineinzuversetzen … Dass ihre eigenen Bedürfnisse aber nie befriedigt werden, macht sie zu ziemlich frustrierten und fordernden Menschen.« Und dann kommt das wirklich furchtbare Bild einer fuchtelnden, weinenden Frau mit einem Handy in der Hand und einer Sprechblase über dem Kopf, in der Folgendes steht: »Keiner kümmert sich um mich!! Ich bin so müde … Ich SCHAFF es einfach nicht!! Ich brauche auch Liebe und Wertschätzung!! Warum hast du nicht auf meine SMS geantwortet?! Du SCHEISST einfach auf meine Gefühle! Ich weine gerade, aber das ist dir ja wohl total egal!« Glücklich die Frau, die sich in dieser bösen Karikatur NICHT wiedererkennt: Liv Strömquist, *Der Ursprung der Liebe*, Berlin 2018, S. 18.

Geschlechtern auch heute noch entwickelt, abspielt und reproduziert, ist die Familie. Auch in den Familien, in denen Gewalt, intellektueller Chauvinismus, systematische Abwertung gegenüber Frauen keine Rolle mehr spielen und selbst die finanzielle Abhängigkeit der Mütter weitgehend überwunden ist, hat sich dieses Phänomen wie ein schmutziger Rest der Geschlechterasymmetrie hartnäckig gehalten. Woran das liegt? Na, am Kapitalismus natürlich.

Die Soziologin Nancy Chodorow beschreibt, wie Industrialisierung und Kapitalismus dazu geführt haben, dass die Produktion von Gebrauchsgütern, an der Frauen zuvor maßgeblich beteiligt waren, aus dem häuslichen Bereich – zum Beispiel kleinen Bauernhöfen und Handwerksbetrieben – in Fabriken verlagert wurde. Weil die Männer nun außerhalb des Hauses arbeiteten, reduzierte sich ihre Beteiligung am Familienleben. Die Kinderaufzucht wurde zusammen mit der Haushaltsführung und der körperlichen und seelischen Fürsorge zur einzigen und exklusiven Aufgabe von Frauen, wobei weitere Funktionen der Familie – zum Beispiel die Erziehung und Bildung der Kinder und die Pflege von Alten und Kranken – ebenfalls an außerhäusliche Institutionen wie die Schule oder das Krankenhaus abgegeben wurden. Auch die körperlichen Aspekte des Mutterseins traten durch die Erfindung von Flaschennahrung und Empfängnisverhütung – glücklicherweise – etwas in den Hintergrund. Mutterschaft wurde immer mehr zu einer Gefühlsaufgabe: »Die emotionale und psychologische Rolle der Frau in der Familie gewann, je bedeutungsloser sie in ökonomischer und biologischer Hinsicht wurde, immer mehr an Bedeutung.«[24] Die kapitalistische Industrialisierung sorgte außerdem dafür, dass größere Hausgemeinschaften sich auflösten: Erwachsene Kinder, unverheiratete Geschwister, Kostgänger, Lehrlinge, Großeltern wurden als Arbeitskräfte aus dem Großfamilienhaushalt abgezogen. Da saßen sie nun, die Mütter des bürgerlich-kapitalistischen Zeitalters: isoliert, allein verantwortlich für die Kinder, mit einem drastisch verengten Aufgabenbereich, von produktiver Arbeit »befreit« – mit der ökonomischen, also umfassenden Abhängigkeit, die das nach sich zog. Das Verstehen, Trösten, Ermutigen, Verwöhnen, das Da-Sein und Sich-Einfühlen wurden zu Hauptmerkmalen der Mütterlichkeit, zu dem, woran Mütter bis heute gemessen werden und sich selbst messen. Dass sich dieser Maßstab in den letzten Jahrzehnten mit zunehmender Beteiligung der Frauen am Arbeitsleben nicht etwa abgeschwächt, sondern extrem verschärft hat, ist paradox, aber leider trotzdem wahr.

24 Nancy Chodorow, *Das Erbe der Mütter*, S. 13.

24 Die Macht der Familie

Woher kommt die Zählebigkeit dieser geschlechtsspezifischen Rollenverteilung nach dem Muster Frau: Beziehung, Mann: Autonomie? Wie kommt es, dass sich diese Strukturen, besonders, wenn Kinder im Spiel sind, noch bis tief in die aufgeklärtesten und modernsten Zweierbeziehungen hinein halten – und zwar deprimierenderweise sogar gegen den erklärten Willen der Beteiligten? Zwischen dem Vater meiner Kinder und mir gab es Momente, in denen das gemeinsame Wissen um die gesellschaftlichen Ursachen unserer erbitterten Kämpfe zu einer Insel wurde, auf der wir kurz durchatmen und uns als zukünftige, nicht mehr von Geschlechterrollen deformierte Menschen in die Augen blicken konnten, bevor dann die unfairen Auswirkungen dieser Rollenverteilung wieder in den Vordergrund rückten und unsere Insel mit scheinbar ganz individuellen Gefühlen – meiner Wut und seiner Abwehr – überspülten. Die Psychoanalytikerin Jessica Benjamin beschreibt, wie wenig individuell diese Gefühle tatsächlich sind. In ihrem Buch *Die Fesseln der Liebe* stellt sie ausführlich dar, auf welche Weise die starre elterliche Rollenverteilung innerhalb der bürgerlichen Kleinfamilie dazu führt, dass genau diese Rollenverteilung sich trotz aller sonstigen gesellschaftlichen Veränderungen von Generation zu Generation – in abgewandelten Gestalten zwar, aber im Kern eben doch immer aufs Neue – wiederholt. Kurz gesagt: Wenn der Vater derjenige ist, der abends mit einem Stoß kalter, frischer Luft aus der Welt zur Tür hereinkommt, und die Mutter diejenige, mit der das Kind den ganzen Tag in ein »emotionales Treibhaus« gesperrt ist,[25] dann wird die Mutter zur Repräsentantin einer innigen, anfangs lebensnotwendigen, aber auch zunehmend einengenden Emotionalität und Nähe, während der Vater zum Repräsentanten der Außenwelt wird. Die Identifikation mit dem Vater wird auf diese Weise für das Kind ein Mittel, sich aus der engen Bindung mit der Mutter zu lösen. Identifikation heißt hier, Kinder beiderlei Geschlechts sagen zum Vater: Ich bin wie du, weil ich auf eigenen Füßen stehen will. Und zur Mutter: Ich bin nicht wie du, weil die Nähe zu dir meine Autonomie behindert und meine Identität bedroht. Zum Sohn sagt daraufhin der Vater: Ja, du bist wie ich, komm auf meine Seite, sag Nein zu allem, was »Mutter« bedeutet: Gefühl, Nähe, Intimität. Das Nein zur als bedrohlich, einengend, identitätsgefährdend empfundenen Mutter, das unter diesen familiären Gegebenheiten tatsächlich ein notwendiger Entwicklungsschritt ist, ist aber gleichzeitig

25 Jessica Benjamin, *Die Fesseln der Liebe. Psychoanalyse, Feminismus und das Problem der Macht*, Frankfurt a. M., Basel 1990, S. 115.

der Kern der Misogynie: der Abwertung, Verdrängung, Geringschätzung und Verachtung des Weiblichen in allen Varianten und Schweregraden.[26]

Und was antwortet der Vater, der als kleiner Junge selbst so entschieden Nein zu allem sagen musste, was »weiblich« konnotiert war, seiner Tochter? In den allermeisten Fällen sagt er: *Nein*, du bist nicht wie ich, und verweist sie zurück an die Mutter. Da steht nun das Mädchen mit ihrem Wunsch nach Autonomie und Anerkennung ihrer Besonderheit. Viele Mädchen identifizieren sich daraufhin notgedrungen doch mit der Mutter, was auch dadurch erleichtert wird, dass ihr wütender Freiheitswille, genau wie bei Jungen, natürlich ambivalent ist: Die Sehnsucht nach Autonomie ist durchsetzt von der Sehnsucht nach der umfassenden Geborgenheit, für die die Mutter steht.[27] Das

26 Der auf diese Weise tief in der bürgerlichen Kultur verankerte Frauenhass ist mit dafür verantwortlich, dass in Deutschland jeden dritten Tag ein Mann seine Partnerin oder Ex-Partnerin umbringt – und dass diese Femizide in den meisten Medien und sogar in vielen Gerichten noch immer mit Begriffen wie »Eifersuchtsdrama«, »Kurzschlussreaktion« oder »Familientragödie« beschrieben werden. (Vgl. https://www.br.de/mediathek/podcast/zuendfunk-generator/von-wegen-familiendrama-was-wir-ueber-femizide-wissen-muessen/1798926)

27 Dass die berühmte Geborgenheit des Säuglings bei der Mutter nie umfassend und schon gar nicht ur-

an die Mutter zurückverwiesene weibliche Kind rettet seine Sehnsucht nach der väterlichen Autonomie durch einen Kompromiss: Wenn es kein Mann *sein* kann, will es wenigstens einen *haben.* Die auf diesem relativ komplizierten psychischen Weg hergestellte weibliche Heterosexualität gilt bei Freud als die erfolgreiche Lösung des Ablösungskonflikts, der bei ihm »Ödipuskomplex« heißt. Für spätere feministische Psychoanalytikerinnen ist das kompromisshafte »einen Mann haben wollen« der

sprünglich ist, gehört zu den überraschenden und manchmal niederschmetternden Erfahrungen der ersten Wochen der Mutterschaft: Einen Säugling zufriedenzustellen, seine »Lebensnot« so weit zu lindern, dass sich bei ihm »ein stilles Empfinden von Wohlbehagen und absoluter Gelassenheit« (Alice Balint, zit. n. Chodorow, S. 88) einstellt, gelingt nämlich immer nur momentweise und erfordert viel Arbeit – Arbeit im wörtlichen Sinn: als zweckmäßige Verausgabung von Muskel- und Gedankenkraft. Wer ein Kind großzieht, muss sich also irgendwann eingestehen, dass die »primäre Symbiose« eigentlich nur eine »nachträgliche Phantasie« sein kann (Katharina Zimmerhackl, »Verschmelzungssehnsüchte«, in: *Outside the Box. Zeitschrift für feministische Gesellschaftskritik # 7*, Leipzig 2019, S. 128–137, hier: S. 132 f.). Vielleicht ist dieses Eingeständnis – und nicht nur der plötzliche Abfall des Progesteron- und Östrogenspiegels nach der Geburt – ein Grund für die tiefe Traurigkeit und Verunsicherung, die Mütter (und manchmal auch Väter) von Neugeborenen überfallen kann.

Kern der weiblichen Unterwerfung und Unterwürfigkeit, zu denen die krampfhafte Idealisierung des eigenen Mannes genauso gehört wie der permanente Neid auf ihn. So werden also durch die starre Rollenverteilung zwischen den Eltern zukünftige Frauen produziert, die sich selbst wegen der erzwungenen Identifikation mit der auf die emotionale Arbeit reduzierten Mutter hauptsächlich über die Beziehungen zu anderen Menschen definieren und sich Autonomie sozusagen nur von dem Mann leihen, mit dem sie zusammen sind.[28] Und es wer-

28 Die Selbstverständlichkeit, mit der Ehefrauen noch bis tief in die 1980er-Jahre hinein die beruflichen Erfolge ihrer Männer für sich in Anspruch nahmen, wirkt aus heutiger Sicht beinahe skurril: Wer erinnert sich nicht an die Zahnarztgattin, die sich ganz selbstverständlich mit »Frau Doktor« anreden ließ und sich als Teil der Elite fühlte, zu der streng genommen nur ihr Mann gehörte. Spätestens, wenn der sie »wegen einer Jüngeren« verließ und sie in eine Zweizimmerwohnung umziehen musste, flog der faule Zauber auf. Dennoch kann man sogar noch im Rückblick das Ganze als einen Deal auffassen, dem durchaus eine Art Gegenseitigkeit anhaftete: Sie konnte sich mit *seinen* beruflichen Erfolgen brüsten, wie er sich mit *ihrer* frisch gewaschenen, wohlerzogenen Kinderschar, zu deren Gedeihen er – außer dem nötigen Kleingeld – so gut wie gar nichts beigetragen hatte. Heute hat sich die Teilhabe der Frau an der männlichen Autonomie auf einen ganz privaten, ganz emotionalen Bereich verengt: Sie findet

den spätere Männer produziert, die sich ihr autonomes Selbst hauptsächlich über die schmerzhafte und radikale Verneinung und Abwertung von allem, was als »weiblich« konnotiert ist, erkauft haben. Dass sehr viele moderne, gebildete, finanziell unabhängige Frauen spätestens, wenn sie Mütter werden, wie ferngesteuert in die Rolle des unablässig nach Nähe, Austausch und emotionaler Bestätigung suchenden Weibchens zurückfallen und bereitwillig die entsprechenden familiären Aufgaben übernehmen, wenn nicht an sich reißen, und dass sehr viele moderne, reflektierte und sensible Männer ebenfalls wie ferngesteuert und ebenfalls vor allem im Kontext einer neu gegründeten Kleinfamilie in einen panischen Abwehrkampf gegen eigene und fremde Gefühle verfallen und sich selbst die Eignung für die entsprechenden kommunikativen und emotionalen Aufgaben in einer Mischung aus Berechnung und Selbstmitleid absprechen, ist also nicht nur eine Folge aufgezwungener oder per Mädchenlego und Holzgewehr erlernter Rollenmuster. Die Geschlechterrollen sind vielmehr

ihn einfach *attraktiver*, wenn er »männlich und unabhängig«, also emotional unzugänglich ist – eine Paradoxie, an der sich viele Frauen ein Leben lang die Zähne ausbeißen. Ansonsten sind heutige Frauen für ihren sozialen Wert selbst verantwortlich, und der besteht bekanntermaßen darin, mit Leib und Seele Mutter *und* engagierte Arbeitnehmerin zu sein.

subjektkonstituierend, sie haben sich durch die spezifische soziale Konstellation, in der in dieser Gesellschaft Kinder großgezogen werden, sehr früh und sehr tief in das Selbstbild, die Bedürfnisse, Träume und Neigungen der weiblichen und der männlichen Individuen eingegraben.[29] Was wiederum erklärt, warum sich solche Verhaltensweisen selbst dann nicht einfach abschütteln lassen, wenn man sie längst als schädlich erkannt hat.

25 Sich ändern

Das Ganze ist ein Teufelskreis, aber natürlich kein geschlossener. Menschen können menschengemachte Verhältnisse verändern. In diesem speziellen Fall, der so speziell nicht ist,[30] geht das aber

29 Koschka Linkerhand (Hg.), *Feministisch streiten. Texte zu Vernunft und Leidenschaft unter Frauen*, Berlin 2018, S. 27.

30 Es ist atemberaubend, mit welcher Todesverachtung das Thema des Kindergroßziehens in der radikalen Linken noch immer behandelt wird. Selbst beim Nachdenken über alternative Gesellschaftsentwürfe wird es weitgehend ausgespart. Als stünde die Frage, wie die Reproduktion der Gattung organisiert wird, nicht genauso im Zentrum jeder Gesellschaftsform wie die nach der Herstellung und Verteilung von Gebrauchsgütern. Aber irgendwie haftet dem Thema auch und gerade in diesen Kreisen etwas zutiefst

nicht, ohne dass die einzelnen Individuen *sich* verändern. Feministin zu sein ist auch deshalb so anstrengend, weil es bedeutet, permanent über den eigenen Schatten zu springen: eben jene tief ins eigene Ich eingebrannten Bilder, Wünsche und Ängste zu erkennen und zu bekämpfen. Laut Jessica Benjamin kann der von ihr beschriebene generationenübergreifende Teufelskreis durchbrochen werden, wenn die starre Rollenverteilung zwischen Vater und Mutter auch in Bezug auf die emotionalen Aufgaben der Elternschaft aufgehoben wird, wenn also unter anderem »auch die Mutter zu einer Figur der Ablösung und Handlungsfähigkeit wird«.[31] Und genau das kostet viel Selbstüberwindung und kann höllisch wehtun. Klar, auch Väter finden es manchmal schade, aus dem Haus zu müssen, bevor ihre Zweijährigen morgens verschlafen aus dem

Privates, ja geradezu Läppisches an. Dass die Reflexion über Elternschaft in der befreiten Gesellschaft bei einem möglichst unideologischen Nachdenken über die Bedürfnisse von Säuglingen, Kleinkindern, Kindern und Jugendlichen ansetzen müsste, macht die Sache für die Herren aus der Ökonomiearbeitsgruppe nicht gerade attraktiver. Zwei löbliche Ausnahmen sind der Blog {https://linkslebenmitkindern.org/} und die schon im Jahr 2014 erschienene Ausgabe der *Phase 2* zum Thema »Zurichtung und Entfaltung in der Familie«, *Ausgabe 49: Früher war mehr Lametta*, Herbst 2014.

31 Jessica Benjamin, *Die Fesseln der Liebe*, S. 134 f.

Gitterbettchen klettern. Aber die rasenden Schuldgefühle auf Dienstreisen, nachdem die Kleinen einem am Telefon zerstreut Gute Nacht gesagt haben, kennen die wenigsten Männer, genauso wenig wie den völlig unverhandelbaren Wunsch, mindestens das erste Jahr mit dem neugeborenen Nachwuchs zu Hause bleiben zu wollen – trotz gemischter Erfahrungen beim ersten Mal. Frauen, die Kinder haben, *dürfen* nicht nur autonome Wesen sein, sie *müssten* es sogar, für sich selbst und – so pathetisch es klingt – für die nachfolgenden Generationen, in denen der Geschlechterkampf irgendwann einmal beendet sein soll. Doch der Weg zur Autonomie führt für die meisten Frauen nun einmal nicht über die Bejahung ihrer unmittelbaren Bedürfnisse, sondern über ihre Verneinung. Dass das Tag für Tag neu erkämpfte *Nein* zu Schuldgefühlen, Unterwerfungswünschen, Mutteridealen und Unehrlichkeit zu sich selbst auf Dauer zu einer kleinen Befreiung führen kann, die nur Gutes für die verneinende Frau und ihre Kinder bereithält, soll hier nicht verschwiegen werden. Aber eben auch nicht, dass dieser Kampf mindestens genauso anstrengend ist wie der Kampf mit dem versteinerten Mann am Küchentisch.

Wie schwierig der Kampf von Müttern gegen sich selbst und ihre scheinbar privaten Bedürfnisse ist, kann man auch daran sehen, dass trotz des großen Einflusses, den die Bücher von Chodorow und Benjamin auf die Frauenbewegung der späten 1970er- und frühen 1980er-Jahre hatten, die Veränderungen in Bezug auf die weibliche Mutterschaft eher oberflächlich sind. Zwar würde sich heute kaum noch eine Frau hinstellen und behaupten, dass eine berufstätige Mutter ihren Kindern schadet. Aber der Anspruch der permanenten körperlichen Anwesenheit hat sich nicht in Luft aufgelöst, sondern nur verschoben: in den Anspruch der hundertprozentigen emotionalen Anwesenheit. Dieser Anspruch hat den widerlichen Namen *quality time* und terrorisiert Mütter mit unverminderter Macht: Eine Frau, die ihren eigenen Gedanken nachhängt, ihre Ruhe haben will, sich nicht unterbrechen lässt, schweigsam ist, die Tür zumacht, liest, sich konzentriert, sich voll und ganz wie eine Erwachsene verhält, über ihre eigenen Themen spricht, an ihr Fortkommen denkt, an ihr Vergnügen, gar an Sex – das alles ist schon verstörend genug. Aber eine Frau, die all das in Anwesenheit ihrer Kinder tut und es auch noch freimütig vor sich und anderen zugibt, ist … ein Affront, ein Tabubruch, ein Ding der Unmöglichkeit. Nun ersetze man das Wort »Frau« in den letzten beiden Sätzen durch das Wort »Mann« – und es wird deutlich, wie weit der Weg noch ist.[32]

32 »Ich langweile mich selbst mit diesen Umkehrungen (ein feministisches Risiko)«, Maggie Nelson, *Die Argonauten,* S. 58.

26 Klarstellung

Es liegt nicht an den Kindern, dass es so schwer ist, sie zu haben. Es liegt nicht an den Kindern, dass alle Probleme des Frauseins sich mit dem Muttersein verschärfen. Es liegt nicht an den Kindern, dass das Schreiben und Sprechen über die schönen Seiten des Mutterseins nicht möglich zu sein scheint, ohne dass sich ein beteuernder Grundton einschleicht, ein bemühtes *Doch! Wirklich!*, das dann durch Kitsch kompensiert werden muss. Nie ist es mir so schwer gefallen, Ausdrücke wie *wundervoll* oder *über alles* aus einem Text herauszuhalten. Also, in aller Nüchternheit: Das Schöne am Kinderhaben ist vielleicht die tiefe Verbindlichkeit der Eltern-Kind-Beziehung. Sie wird vonseiten der (kleinen) Kinder nie und vonseiten der Erwachsenen nur äußerst selten infrage gestellt. Diese Verbindlichkeit kommt bestimmt auch daher, dass die eigenen Kinder Menschen sind, mit denen man häufig vom ersten Tag ihres Lebens an zusammen ist, anfangs auch auf eine sehr körperliche Weise. Aber der eigentliche Grund für die Verbindlichkeit ist, wenn man ehrlich ist, natürlich die tiefe Abhängigkeit der Kinder von ihren Eltern. Paradoxerweise gehört es zu den Freuden des Elternseins, die Kinder aus dieser Abhängigkeit herauswachsen zu sehen. Wenn es gut läuft, verschwindet die Abhängigkeit, aber die Verbindlichkeit bleibt, mit allem, was dazugehört: gesehen werden und sehen, gekannt werden und kennen, gemocht werden und mögen, verstanden werden und verstehen. Die eigenen Kinder gehören dabei zu den Menschen, über deren Wohlergehen man sich wirklich neidlos und uneingeschränkt freuen kann und – was viel weniger bekannt ist – die einem auch selbst dauerhaft und völlig uneigennützig die Daumen drücken.

27 Das Schweigen der Männer

Nach der Kleinkindphase leiden Frauen zwar sehr viel öfter an körperlicher und seelischer Ausgebranntheit und müssen mit einer ungleich größeren ökonomischen und beruflichen Unsicherheit zurechtkommen als Männer, aber fairerweise muss man sagen, dass auch viele Männer traurig und verunsichert aus der Familienzeit hervorgehen. Auch ihnen schadet das asymmetrische Geschlechterverhältnis, das in der selbst gegründeten Kleinfamilie so quicklebendig Auferstehung feiert. Auch sie haben Selbstbilder und Bedürfnisse, die alles andere als individuell und unabhängig von Geschlechterrollen sind und die ihnen massiv schaden: ihrer Seelenruhe, ihrer Liebes- und Entwicklungsfähigkeit, dem Kontakt, den sie zu ihren größer werdenden Kindern haben können. Aber wenn sie nicht weiter an der Zementierung des Patriarchats mitarbeiten wollen, müssen sie da ansetzen, wo das Mannsein wehtut: bei den Schlappen, den Ängsten und Bedrohtheitsgefühlen, der Starre und Isolation, der Erschöpfung und Sprachlosigkeit. Sie müssen endlich anfangen, nachzudenken und zu reden: mit sich selbst und miteinander. Wer sich »Feminist« nennen will, muss bereit sein, über seinen breitschultrigen Schatten zu springen und jene tief ins Ich eingebrannten Männerbilder, Männerwünsche und Männerängste zu erkennen, zu verstehen und zu bekämpfen – und dabei andere Männer zu unterstützen und sich von ihnen unterstützen zu lassen.

»Moment! Wenn das Nichtreden eins der Probleme ist, wie soll man dann darüber reden?«, konterte ein Freund, der vor einem Jahr Vater geworden war, triumphierend.

Nach einem langen Gespräch über die Schwierigkeiten des Vaterseins und des männlichen Feminismus hatte ich ihm vorgeschlagen, sich einmal von Feminist zu Feminist, von Vater zu Vater mit einem gemeinsamen Freund zu unterhalten.

»Mit Bo? Och nee, was soll ich *dem* denn dazu erzählen?«

»Nicht erzählen, fragen!«

»Was denn *fragen*?!«, sagte er ungeduldig.

»Wie: *Was denn fragen?*«, äffte ich ihn nach. »Willst du jetzt 'ne Liste von mir?«

Er schüttelte entsetzt den Kopf.

Ich schrieb sie trotzdem:

- Bevor du dich daran gewöhnt hast: Wie ging es dir damit, dass du in Sachen Liebe und Sex immer den ersten Schritt machen musstest?
- Was tust du, wenn du traurig bist oder dich einsam fühlst?
- Empfindest du Frauen manchmal als Rivalinnen?
- Wie fühlst du dich, wenn du keinen hochkriegst? Wie findest du den Ausdruck »keinen hochkriegen«?
- Was macht dir Schuldgefühle?
- Denkst du dir in Diskussionen manchmal Statistiken und Zahlen aus?
- Wie hast du die Geburt deiner Kinder erlebt?
- Kannst du Sachen reparieren?
- Was willst oder wolltest du anders machen als dein eigener Vater?
- Was tust du, wenn du wütend bist?
- Hast du dir manchmal heimlich euren Säugling an die Brust gelegt?
- Was machst du, wenn du in einer Diskussion mit einem Mann merkst, dass er mehr über das Thema weiß und/oder die besseren Argumente hat?
- Was machst du, wenn du in einer Diskussion mit einer Frau merkst, dass sie mehr über das Thema weiß und/oder die besseren Argumente hat?

- Hat dir auf dem Schulhof einmal jemand ohne Vorwarnung in den Bauch geboxt?
- Hattest du einen von deiner Partnerin unabhängigen Kinderwusch?
- Bist du stark?
- Wie eng ist dein Selbstwertgefühl an beruflichen Erfolg geknüpft?
- Wie fändest du es, wenn du über Jahre der alleinige Ernährer deiner Familie wärst?
- Hast du schon einmal einen Schrank mit Kinderkleidung ausgemistet?
- Hast du manchmal Angst?
- Wenn du es dir aussuchen könntest: Würdest du lieber für die gesamte Wäsche oder die gesamte Außenkommunikation der Familie zuständig sein?
- Brauchst du Lob und Anerkennung?
- Was ist für dich das stärkere Druckmittel, Reden oder Schweigen? Welches setzt du öfter ein?
- Hast du das Gefühl, dass Frauen mehr (von) Sex wollen als Männer? Wie findest du das?
- Wann hast du das letzte Mal geweint?
- Ist die Mutter deiner Kinder eine gute Mutter?
- Was für ein Mann möchtest du sein?

Wenn man sich grob an der Frauenbewegung orientiert, kann es schon mal fünfzig Jahre dauern, bis diese Fragen gründlich durchdacht sind und daraus die ersten persönlichen und gesellschaftlichen Konsequenzen gezogen werden. Was also tun, um das Leid, den Stress, den Streit und die himmelschreienden Ungerechtigkeiten, die mit dem Kinderkriegen einhergehen, schon jetzt möglichst klein zu halten? Unter linken Männern gibt es nicht wenige, die für diese Frage eine geniale Lösung gefunden haben: »Einfach den ganzen Quatsch mit dem Kinderkriegen lassen, ist doch klar, dass das nicht klappt in dieser Gesellschaft.« Davon abgesehen, dass in dieser Konzeption ein bisschen unklar bleibt, warum man sich in den dreißig bis vierzig Jahren, die man selbst noch zu leben hat, den Mühen und Gefahren einer radikalen Gesellschaftsveränderung aussetzen sollte, wenn man am Fortbestand der Menschheit so wenig interessiert ist, stellt sich schon die ganz einfache Frage, wer dem linksradikalen Haudegen im Greisenalter die Schnabeltasse reichen und ihn durch den Park schieben soll, wenn das kein jüngeres Exemplar der Gattung Mensch ist. Kann es sein, dass die Herren insgeheim hoffen, dass sich schon eine nette weibliche Person der gleichen Alterskohorte findet, die diese Aufgabe gern übernimmt?[33]

33 In dem Kapitel »Männer-Pflege-WM« ihres Comics *Der Ursprung der Liebe* geht Liv Strömquist bis an die moralische und ästhetische Schmerzgrenze, um zu zeigen, wie ungerecht es ist, dass gemeinhin Frauen ihre Männer pflegen, aber Männer ihre Frauen nicht: *Der Ursprung der Liebe*, S. 24–41.

28 Mitmutter

»Was wünschst du dir denn? Wie wäre es besser?«, habe ich mich oft gefragt, wenn ich wieder einmal morgens um halb elf durchgeschwitzt und müde, in einem mir fremden und irgendwie unsympathischen Körper endlich vor der Haustür stand, um meinen Kinderwagen schamvoll Richtung Rossmann zu schieben. Ja genau, Rossmann. Der Drogeriemarkt. Es kostete mich unendlich viel Kraft, aber ich musste raus, so überflüssig diese Besorgungsgänge meist auch waren, jeden Tag, einfach, um irgendetwas zu schaffen, um in der Welt zu sein, um Menschen zu sehen, um mir nicht auf diese verwirrende Weise unsichtbar und überflüssig vorzukommen, um dem drohenden Selbstverlust etwas entgegenzusetzen. Die Antwort lag auf der Hand: Tu dich mit anderen Müttern zusammen, sie sind genauso isoliert wie du, trefft euch, redet miteinander, unterstützt euch gegenseitig!

Doch das, was dann bei uns »Babytreffen« hieß, hatte schließlich ganz andere Auswirkungen auf mich, als ich gehofft hatte: *Vor* jedem dieser Treffen stand ich gestresst vor meinem Kleiderschrank und wusste nicht, was ich anziehen sollte, *danach* war ich voller Aggressionen, und zwar ohne dass ich es mir wirklich eingestehen konnte, geschweige denn hätte erklären können, woher diese unerwünschten Gefühle kamen. Heute denke ich: Vielleicht hatten der Stress und die Wut etwas mit den Gesprächen zu tun, die wir führten.

Denn sie hörten sich *nicht so* an:

Mutter 1: Bjarne schreit gerade so viel. Das verunsichert mich total. Mache ich irgendetwas falsch?
Mutter 2: Ja stimmt, er ist wirklich sehr unruhig. Liliane ist gerade echt friedlich, zum Glück. Aber warum verunsichert es dich, wenn Bjarne so viel schreit? Meinst du wirklich, dass das etwas mit dir oder deinem Verhalten zu tun hat?

sondern so:

Mutter 1: Bjarne schreit gerade so viel. Das verunsichert mich total. Mache ich irgendetwas falsch?
Mutter 2: Ja, ich weiß, Liliane auch! Also na ja, heute, das ist Zufall … Letztes Mal, weißt du noch, wie zufrieden Bjarne da war? *Zum Baby von Mutter 1:* Nicht? Du bist doch eigentlich ganz friedlich, oder?! *Wieder zu Mutter 1:* Und ich finde, Bjarne hat sooo süße Haare, wie kriegst du das nur hin, dass die immer so frisch gewaschen aussehen? Viel süßere als Liliane, *sie zerrt an den Haaren ihres Babys,* guckt mal, diese komischen Strähnen!

Mutter 1: Ach nee, die sind doch total SCHÖN, die Haare von Liliane!! Und man soll die Haare ja eigentlich auch nicht so oft waschen …
Mutter 3: Ja, das hab ich auch gehört. Welches Shampoo nehmt ihr eigentlich?

Nach einem dieser Dialoge passierte etwas Überraschendes. Eine sogenannte Mitmutter stand plötzlich auf und sagte sehr sachlich: »Verlogene Scheiße. Ich mach das nicht mehr mit.« Dann zog sie in aller Seelenruhe ihr Kind an: Wollsocken, Jäckchen, Mütze, packte es in die Kinderwagentasche, deckte es fest zu, knöpfte die Spritzdecke darüber, sammelte ihre Rasseln, Schnuller, Dinkelkekse und Fläschchen ein und verstaute alles in ihrer Umhängetasche. Dann schlüpfte sie in ihre Jacke, nahm die Babytasche an den Henkeln, und zog leise die Tür hinter sich zu. Wir hörten ihre Schritte noch im Treppenhaus: Sie *ging* nicht nach unten, sie rannte!

Zu Hause tat ich etwas, was ich sonst nie tat: Ich drückte unserem verdutzten Mitbewohner mein Kind in den Arm, setzte mich an den Schreibtisch und öffnete eine neue Datei mit der Überschrift

BABYTREFFEN

- Wir haben nichts gemeinsam, außer akutem Schlafmangel und einem riesigen Defizit an Bestätigung und Aufmerksamkeit.

- Jede von uns versucht krampfhaft, ihre körperliche Erschöpfung und emotionale Bedürftigkeit vor den anderen zu verbergen.[34]
- Gleichzeitig erwartet jede von sich selbst, auf die Erschöpfung und Bedürftigkeit der anderen einzugehen.
- Heißt: Das Zusammentreffen von Menschen, die aufgrund ihrer Lebenssituation von Selbst- und Realitätsverlust bedroht sind, trägt nicht zur Stärkung des Selbst- und Realitätsgefühls dieser Menschen bei!!

34 Das schamvolle Verstecken des eigenen Leids ist weder etwas Individuelles noch etwas Frauenspezifisches. Eva Illouz zufolge gilt Leid in unserer Kultur als etwas, das von reifen Individuen überwunden oder ganz vermieden werden kann (*Warum Liebe weh tut*, S. 240), was im Umkehrschluss heißt, dass jemand, dem es längere Zeit schlecht geht, als unreif oder undiszipliniert gilt. Für Frauen kommt jedoch erschwerend hinzu, dass Abhängigkeit und Bedürftigkeit in bürgerlichen Gesellschaften auch deshalb so stark abgewertet werden, weil sie mit der alles verschlingenden Mutterfigur assoziiert werden (Katharina Zimmerhackl, »Verschmelzungssehnsüchte«, in: *Outside the Box* # 7, S. 129). Auch deshalb können Männer ihre eigene Bedürftigkeit unbewusst abwehren, indem sie Frauen abwerten. Frauen dagegen müssen, vor allem, wenn sie in einem gesellschaftskonformen Sinne »emanzipiert« sein wollen, die eigene Bedürftigkeit auf einer viel bewussteren Ebene verleugnen, bekämpfen und verstecken – vor anderen und vor sich selbst.

- Konkurrenz ist ein Riesenthema: Ständig werden die Kinder nach den Aspekten Schönheit, Kooperationsfähigkeit und Entwicklungstempo verglichen. Und dann tauschen wir Kaufempfehlungen für entsprechende Förderprodukte aus. Wobei unisono beteuert wird, dass das Ganze eigentlich überhaupt nicht wichtig ist.
- Die unterschwellige Konkurrenz erstreckt sich auch auf andere Gebiete: Wessen Partner ist der »tollste Papa«? Wer hat seit der Geburt am meisten abgenommen? Wer steigt am schnellsten wieder in den Beruf ein? Und, besonders fies: Wer ist bei alldem am entspanntesten?
- Fünf Babys machen fünfmal so viel Lärm wie ein Baby, spucken fünfmal so viel halbverdaute Muttermilch aus, müssen fünfmal so oft gewickelt werden und gehen mir fünfmal so heftig auf die Nerven.
- Gehaltvolle und entspannte Gespräche unter Erwachsenen sind nur möglich, wenn sie nicht ständig unterbrochen werden. Kleine Kinder können die eigenen Bedürfnisse aber noch nicht so kontrollieren, dass sie Erwachsene *nicht* ständig unterbrechen.
- Höfliches Lügen wurde uns Frauen in die Wiege gelegt: Wir koppeln uns jeden Dienstagvormittag gemeinsam von der Realität

ab und basteln gemeinsam an einem verbalen Lügengebäude, das wir dann gemeinsam vor dem Einsturz bewahren müssen.

Denn das obige, leider alles andere als ausgedachte Gespräch – Variante 2 – fand vor dem Hintergrund des anhaltenden Geschreis von Baby Bjarne statt, während Baby Liliane zwar äußerst zufrieden, aber mit Haaren, die man nur als schnittlauchartig bezeichnen konnte, auf einer Decke vor sich hin sabberte.

Der letzte, in Schriftgröße 18 geschriebene Satz unter meiner miesgelaunten Liste lautete: IN ZUKUNFT OHNE MICH!

Danach ging es mir besser.

29 Allein

Ich machte also von nun an einen Bogen um andere Mütter, vermied Spielnachmittage, Elternversammlungen und Kurzurlaube mit mehreren Familien, wo es nur ging. Und versuchte stattdessen, die kostbare, kinderfreie Zeit zu nutzen, um meinen Verstand zusammenzuhalten.

Alles andere kam mir plötzlich wie Zeitverschwendung vor.

Ich kämpfte um Lesenachmittage im Café, einsame Wochenenden in Berlin, freie Abende, ein

Zimmer für mich allein. Aber die so freigewordene Energie verpulverte ich jahrelang in dem völlig vergeblichen Versuch, dem Mann an meiner Seite Gefühle der Nähe, Gemeinsamkeit und Anerkennung abzuringen, anstatt …

Ja, anstatt *was*?

Was hätte ich anders machen können, in dieser Welt? Unter diesen gesellschaftlichen Bedingungen? Auf diesem Stand des Geschlechterverhältnisses?

Kann ich im Rückblick, aus der Perspektive einer Mutter, die »aus dem Gröbsten raus« ist, Handlungsspielräume entdecken, für die ich blind gewesen bin, als ich noch mittendrin steckte »im Gröbsten«?

30 Schöner scheitern

Ehrlich gesagt: Ich entdecke sie nicht.

Denn mit neuen Sorge- und Beziehungsmodellen gegen gesellschaftliche Verhältnisse anzuleben, auf die die Kleinfamilie – auch in all ihren modernisierten (Patchwork-)Varianten – nun einmal passt wie Arsch auf Eimer, ist für Einzelne eine monströse Überforderung: Erschöpfung, Enttäuschung, Verletzungen und Scheitern sind vorprogrammiert.

Und das ist schrecklich, weil man nur das eine Leben hat, nur den einen Versuch!

Schrecklich ist auch, dass es einen Unterschied macht, ob man auf die gesellschaftlich übliche Weise scheitert – Streit, Trennung, Auszug, Scheidung und zur Not eben ein Sorgerechtsprozess – oder auf eine irgendwie neue, *alternative* Weise. Denn für alle, die sich trauen, etwas Neues zu probieren, kommt unter Garantie die Häme obendrauf: »Haben wir ja gleich gesagt, dass das nicht klappen kann, mit eurer freundschaftlichen Co-Elternschaft, mit den getrennten Wohnungen trotz gemeinsamer Kinder, mit der gemeinsamen Wohnung trotz getrennter Herzen, mit dem Teilen von Geld und Zeit und Ressourcen!« Und sie haben recht, die Spießer, wenn auch aus den falschen Gründen: Nicht, weil man immer nur einen lieben kann, nicht, weil Blut dicker ist als Wasser und jeder sich selbst am nächsten steht, auch nicht, weil Kinder nun einmal Vater und Mutter brauchen und beim Geld die Freundschaft aufhört.

Nein, deswegen nicht!

Denn so, wie ich haufenweise Leute kenne, die begeistert sind, wenn sie etwas teilen, wegschenken oder verleihen dürfen, kenne ich Eltern, die einander ein buntes Liebesleben gönnen. Ich kenne Menschen, die sich voller Hingabe um Kinder kümmern, die sie nicht selbst gezeugt oder geboren haben. Und ich kenne halbwegs funktionierende Hausprojekte, ja sogar das kenne ich: Zwei

Frauen, die einst denselben Typen liebten und sich bis heute mögen und vertrauen.

Aber lebbar, lebbar ist das Ganze nicht, jedenfalls nicht auf Dauer. Das liegt an der generationenübergreifenden sentimentalen Schleimspur, die die Bilder der glücklichen Familie und der ewigen Liebe in unseren Herzen und Hirnen hinterlassen haben – so klebrig und tief, dass man manchmal einfach nicht dagegen anfühlen und anhandeln kann. Dass das Leben und Arbeiten im Kapitalismus so dermaßen prekär ist, so unsicher und aufreibend, so viele Entscheidungen verlangt, so viele Ortswechsel, und dass man Tag für Tag so unglaublich schnell und ausgeschlafen und diszipliniert sein muss, macht die Sache nicht einfacher, weil sich all das nämlich auf erschreckend grundsätzliche Weise mit dem Kinderhaben beißt. Kinder sind langsam, irrational, nonverbal, sprunghaft, spontan, laut, uneinsichtig, verträumt und stur, und wer ihnen das nicht viel zu früh und viel zu hart austreiben will, braucht viel Geduld, Zeit, Geld, Ruhe und Schlaf.

Eine Zeit lang und in manchen Schichten wurde dieser Widerspruch gelöst, indem man seine beiden Seiten auf zwei Geschlechter aufteilte: der entlohnte Kampf kam zu den Männern, die »unbezahlbare« Liebe zu den Frauen. Das nannte sich Alleinverdienermodell, hat für alle Geschlechter sehr viel Leid verursacht und ist zusammen mit der Mittelschicht gerade dabei, in der Versenkung zu verschwinden.

Aber die klebrigen Bilder bleiben und drängen sich all denen auf, die für sich und die Kinder in ihrer Nähe Ruhe, Sicherheit, Bestätigung und Geborgenheit brauchen. Und schon werden noch in den progressivsten Hausprojekten die bunt gemischten WGs von Kleinfamilien gekapert, schon sieht es der spät zu Amt und Würden gekommene Informatiker-Sponti nicht mehr ein, sein Geld zu teilen. Und kaum hat der Vater eine neue Freundin, passt es nicht mehr, dass seine Ex-Freundin die Kinder, die sie fünf Jahre lang mit großgezogen hat, regelmäßig von der Schule abholt, schon findet man, dass Yvonne mit ihren wechselnden Lovern und inzwischen drei Kindern »irgendwie nicht reinpasst«, schon zieht die schwangere Mitbewohnerin dann doch zu ihrem Freund, weil sie es von nun an etwas »kuscheliger« braucht.

All das ist weder individuelles Versagen noch ein Beweis, dass der Mensch nun einmal so nicht ist.

Dass die Bilder von Liebe und Familie überhaupt noch immer so wirkmächtig sein können, hängt auch damit zusammen, dass in kapitalistischen Gesellschaften die Sphären der Arbeit und der Erholung, der Produktion von Mehrwert und der Produktion von Menschen, der Konkurrenz und der Liebe nach vollkommen unterschiedlichen Gesetzen funktionieren und funktionieren sollen, sodass sie sich, obwohl sie sich gegenseitig brauchen und voraussetzen, zutiefst widersprechen und ausschließen.

Das heißt im Umkehrschluss: Wer gelassen, ausgeruht und ohne größere Konflikte Kinder großziehen möchte, sollte sich dringend eine andere Gesellschaft suchen!

Hier, in diesen gesellschaftlichen Verhältnissen, wird sich der Gegensatz der Sphären immer irgendwie Bahn brechen: als Anerkennungskampf zwischen den Geschlechtern, als Hierarchie zwischen berufstätigen Müttern und migrantischen Sorgearbeiterinnen, als Schulstress, als mütterliches Schuldgefühl, als väterliche Frustration, als permanenter Zeitdruck.

31 Lassen

Ich frage mich: Wenn ich schon nichts hätte *machen*, hätte ich etwas *lassen* können?

Ja in der Tat, das hätte ich!

Ich hätte aufhören können, mich zu schämen, hätte aufhören können, mir etwas einreden zu lassen, hätte aufhören können, mir Illusionen zu machen, hätte aufhören können mit dem Schweigen, dem Runterschlucken, dem *Mühegeben*.

Hätte aufhören können zu denken: Ich bin die Einzige und es liegt an mir.

Ich hätte sämtliche Sätze, die im Zusammenhang mit dem Kinderhaben die Vokabeln *normal, natürlich, leicht, harmonisch, vereinbar* enthielten, vom Tisch wischen können.

32 Besser

Was wäre gewesen, wenn ich, bevor die Kinder da waren, folgende Liste im Hinterkopf gehabt hätte:

NICHT VERGESSEN

- Kindergroßziehen in einer kapitalistischen Männergesellschaft gehört zu den anstrengendsten und konfliktreichsten Dingen, die man tun kann.
- Je kleiner der Geldbeutel, desto anstrengender und konfliktreicher.
- Die Kleinfamilie ist ein Refugium der Nichtanerkennung von Frauen, der Ort, an dem sich Männer und auch Frauen von ihrer schlechtesten Seite zeigen, an dem sie von ihren Gespenstern gejagt und eingeholt werden, kurz: der Horror.
- Aber: Sie ist ein alternativloser Horror.
- Liebesbeziehungen, zu denen Kinder hinzukommen, hören in der Regel auf, Liebesbeziehungen zu sein. Sie verwandeln sich

im allerbesten Fall in kollegiale, liebevolle Freundschaften.

- Doch vorher kommen Heimlichkeiten und Verletzungen, Resignation und Langeweile, Lügen und maßlose Erwartungen, Enttäuschungen, Vorwürfe, Neid.
- Sex fällt erst mal flach.
  (Aber das wird wieder. Miteinander oder eben dann mit anderen.)
- Körperliche Arbeit und Schlafmangel machen Menschen nicht schöner.
  (Aber auch das wird wieder.)
- Alles, was man in den ersten Jahren mit Kindern macht, ist Arbeit. Sogar das Gutenachtkussgeben.
- Wenn man diese Arbeit gerecht verteilen will, muss man jede einzelne Aufgabe mitzählen: Wäschelegen gegen Spielplatzgehen, Trösten gegen Müllrausbringen.
- Es wird den einen oder anderen schönen Moment geben. Und zwar immer dann, wenn man gar nicht damit rechnet. Jedenfalls nicht im Urlaub, nicht unterm Tannenbaum, und schon gar nicht am Abendbrottisch. Dafür in der Kindernotaufnahme oder nachts um zwölf im Badezimmer, wenn schon wieder einer kotzt, oder zu viert, im strömenden Regen, mitten im Nirgendwo …

Ich weiß, das ist eine abschreckende, harte und traurige Liste! Aber ich weiß auch: Ich hätte es trotzdem getan, das mit dem Kinderkriegen.

Und das Verrückte ist: Es wäre besser gewesen.

Karl Vossler, Leo Spitzer

Sprachwandel und Kulturwandel

61 Seiten, Klappenbroschur
ISBN 978-3-7518-0559-9

Was ist Sprache und was ihr Verhältnis zu Wahrheit? Ist Sprache unser Zugang zu Wahrheit oder das Hindernis, das es zu überwinden gilt?

Der prominente Romanist Karl Vossler streitet sich 1916 mit seinem jüngeren Kollegen Leo Spitzer über diese grundsätzlichen Fragen der Sprachwissenschaft und gemeinsam legen sie mit den beiden vorliegenden Texten einen Grundstein für das aktuelle Nachdenken über Sprache, Macht und ihre politischen Dimensionen.

Im Rückgriff auf Vossler und Spitzer zeigt der Romanist und Literaturtheoretiker Gerhard Poppenberg, wie die lauten Rufe nach geschlechtergerechter Sprache und der mindestens genauso heftige Widerstand dagegen im Kontext dieser Grundfragen zu verstehen sind. Indem er uns so die Kraft der Sprache und den Einfluss, den die Gemeinschaft der Sprechenden seit jeher auf Kultur- und Sprachwandel hat, vor Augen führt, plädiert er für etwas mehr Gelassenheit in den gegenwärtigen Debatten.

Cara New Dagget

Petromaskulinität

72 Seiten, Klappenbroschur
ISBN 978-3-7518-0555-1

Während sich der Planet erwärmt, umarmen rechtspopulistische Parteien und Bewegungen im globalen Norden eine Mischung aus Klimaleugnung, Rassismus und Frauenhass. Anstatt die Phänomene getrennt zu betrachten, schlägt Cara Daggett in diesem wegweisenden Text vor, ihren Zusammenhang durch das Konzept der *Petromaskulinität* zu befragen. Dabei stellt sie die Bedeutung in Rechnung, die die jahrzehntelange Nutzung fossiler Energieträger dabei hatte, die westliche Lebensweise aufrechtzuerhalten, und macht damit zugleich plausibel, inwiefern die Ängste, die der menschengemachte Klimawandel auslöst, sich in dem Wunsch nach Autoritarismus Bahn brechen. Fossile Energieträger sind mehr als eine Industrie, die gigantische Profite generiert und massiven Einfluss ausübt. Ihre Nutzung trägt in der engen Verflochtenheit mit unserer Art zu wirtschaften und zu leben auch zur Ausbildung einer männlichen Identität bei, die angesichts ihrer gegenwärtigen Krise zur kompensatorischen Gewalt gegen Geschlechteremanzipation und Klimagerechtigkeit führen kann.

Rüdiger Haude

Als Adam grub und Eva spann

139 Seiten, Klappenbroschur
ISBN 978-3-7518-0574-2

Organisierte Religion diente zu allen Zeiten der Herrschaftssicherung. Karl Marx erblickte in ihr zugleich den »Seufzer der bedrängten Kreatur«. Dass in der Religion auch eine wütende Anklage stecken kann, ja das über ihre Erzählungen transportierte Wissen sogar einen Schutzschild gegen die Entstehung von Herrschaft bilden kann, ist dagegen ein Wissen, das historische Befreiungsbewegungen zwar immer wieder aktualisiert haben, die Forschung aber zu vergessen droht. Rüdiger Haude rekonstruiert die herrschaftsfeindlichen Traditionen, die sich aus den Überlieferungen des richterzeitlichen Israels in das Korpus des alten Testaments eingeschrieben haben. Belege findet er nicht zuletzt in den berühmten Erzählungen von Jonas Seereise oder dem Turmbau zu Babel. Indem Haude die Erkenntnisse der Ethnologie zu segmentären Gesellschaften, neuere archäologische Funde und die historisch-kritische Analyse der Bibel zusammenführt, kommt er zu einem überraschenden Befund: »Hochkultur« und Anarchie sind durchaus vereinbar – mit radikalen Folgen auch für den Blick auf unsere eigene Zeit.

Yuk Hui
Kosmotechnik und Kommunismus

135 Seiten, Klappenbroschur
ISBN 978-3-7518-0554-4

Die Durchsetzung der westlichen Moderne ging mit der Etablierung eines instrumentellen Begriffs von Technik einher. Mit den unabsehbaren Folgen des menschengemachten Klimawandels ist dieses Verständnis in eine tiefe Krise geraten. Im Rückgriff auf die antike Vorstellung der *technē* und im Austausch mit außereuropäischen Ansätzen entwickelt Yuk Hui das Konzept der Kosmotechnik. Es stellt in Rechnung, dass jede Technik mit einer bestimmten Vorstellung von Welt verbunden ist. So öffnet Kosmotechnik dem Nachdenken über Technologie eine kosmopolitische Perspektive. Junius Frey situiert den Entwurf Huis in der aktuellen geopolitischen Situation. Die zunehmende Polarität zwischen China und den USA wird nicht zuletzt über den Stand und die Ideologie technologischer Entwicklung und gouvernementaler Kontrolle ausgetragen. Indem Frey den Ansatz der Kosmotechnik ins Gespräch mit den Überlegungen des Tiqqun-Kollektivs zu Veränderungen des Imperialen bringt, entwickelt er die politischen Implikationen der Kosmotechnik hin zu einer neuen Doktrin verwandelter kommunistischer Politik.

Luise Meier
MRX Maschine

208 Seiten, Klappenbroschur
ISBN 978-3-95757-548-7

Zu seinem 200. Geburtstag ist Karl Marx so tot wie lange nicht: Entweder wir er für triviale Niedergangspredigten in Anspruch genommen oder zur Erstellung neuer Theorien ausgeschlachtet, um den akademischen Markt mit frischen Waren zu versorgen. Es ist Zeit, Marx als Zündschnur zu gebrauchen. So entsteht die MRX-Maschine. Die MRX-Maschine zapft Feminismus, Postkolonialismus und anderes an und sucht nach den Rissen, der Perversion und dem Gestank, die das Proletariat hinter dem unternehmerischen Selbst erkennbar machen. Die MRX-Maschine scannt die Schauplätze der öffentlichen Selbstvermarktung und die private Fabrik der Körperoptimierung nach Spuren des internalisierten Klassenkampfs, der nach Desintegration und Verschwendung schreit, und zerkratzt dabei die polierte Benutzeroberfläche. MRX-Maschine ist ein geheimer Gruß an alle Verweigerer und Blaumacher, sie ist Analyse Agitation und Aggression in einem – und für die Zeit der Lektüre sind Sie krankgeschrieben.

Dritte Auflage Berlin 2023

MSB Matthes & Seitz Berlin Verlagsgesellschaft mbH
Großbeerenstraße 57A, 10965 Berlin
info@matthes-seitz-berlin.de

Satz: Monika Grucza-Nápoles, Berlin
Druck und Bindung: GGP Media GmbH, Pößneck
Umschlaggestaltung nach einer Idee
von Pierre Faucheux
ISBN 978-3-7518-0569-8
www.matthes-seitz-berlin.de